NISA & iDeCoがおもしろいくらいわかる本

7日でマスター

伊藤亮太

ソーテック社

ご利用前に必ずお読みください

本書は株式売買、投資の参考となる情報提供、技術解説を目的としています。株式売買、投資の意思決定、最終判断はご自身の責任において行ってください。本書に掲載した情報に基づいた投資結果に関しましては、著者、株式会社ソーテック社、および掲載している証券会社はいかなる場合においても責任は負わないものとします。また、本書は執筆時点（2023年12月現在）の情報をもとに作成しています。掲載情報につきましては、ご利用時には変更されている場合もありますので、あらかじめご了承ください。以上の注意事項をご承諾いただいたうえで、本書をご利用願います。

新しいNISAってお得なの？

新しいNISAはとってもお得と聞きます。でも、何がお得なのかさっぱりわからなくて…。
そもそもNISAって何なのでしょうか？

NISAとは簡単にいうと、株や投資信託で出た利益にかかる約20％の税金が非課税になる制度のことです

それはとってもお得な制度ですね。早速、申し込んで始めようと思います

ちょっと待った！　非課税の恩恵を受けるためには利益を出さないといけないですよ。そのためには、正しい資産運用の知識が必要です

申し込めば誰でもお得になる制度ではないのですね…。ちなみにNISAって今もありますよね、一体何が違うのですか？

簡単にいうと３つです。❶非課税の期間が無期限になったこと。❷金額が増えたこと、❸自由に投資できるNISAと積立投資に使うNISAが併用できるようになったことです。では、本編で新NISAを使ったお得な資産運用を学んでいきましょう

iDeCoで老後の不安に備える？

会社の上司や先輩がこれからは年金もどうなるかわからないし、iDeCoを使って自分で老後の蓄えをしなきゃと言っていました。iDeCoとは何でしょう？

iDeCoとは、個人型確定拠出年金です。税の優遇制度もあり、国民年金を払っている方なら加入できる自分でつくる年金のしくみです。

でも、僕は毎月年金を払っていますし、iDeCoなんてしなくても大丈夫ですよね。

年金は、自分が支払ったお金を将来に受け取る制度ではなく、若い世代の支払っている保険料でお年寄りを支える制度なのです。少子高齢化が続くと一説では、年金だけでは老後2000万円不足するといわれています。

定年するまでに、2000万円かあ…。

そこでお得に老後資金をつくるためにiDeCoを使った資産運用をするのがおすすめです。4日目から解説しているので学んでいきましょう

はじめに

iDeCoやNISAの本は数多く出版されています。しかしながら、その中心はどうしても制度の話であり、実際にどう投資したらよいのかわからない、そもそも投資の第一歩から知りたい。そんな声を投資初心者からはよく耳にします。

そこで、本書では、iDeCoや新NISAの制度はもちろんのこと、資産運用全般における考え方、運用の行い方などを解説し、資産形成や資産運用の基本を理解したうえで、公的制度をうまく活用できるように工夫しています。タイトルにもあるように、7日でマスターできるように、簡潔に説明しています。これ一冊でiDeCoや新NISAのしくみはもちろんのこと、どのように金融商品を選べばよいのか、また、iDeCoや新NISAの枠を超えて資産全体における資産配分をどう考えればよいかについても言及しています。iDeCoや新NISAが活用できない金融商品の中にも、魅力のある金融商品は数多くあります。そうした金融商品も含めてどう活用していけばよいのか、コスト面だけではなくリターン、リスクヘッジなども考慮して解説を行っています。

本書を手に取り、投資初心者の方はもちろんのこと、投資経験者の方も今一度ご自身の資産運用の行い方に死角はないのか、活用していない金融商品はないか、ご検討いただければと思います。

世界情勢が不安定な中で、どのようにご自身の資産を構築するか、老後資産を着実に形成していくか。本書がその一助となれば幸いです。

２０２３年１２月
ファイナンシャル・プランナー
伊藤　亮太

CONTENTS

2日目

新NISAで買える金融商品の選び方

CONTENTS

3日目

新NISAを使った売買の仕方

4日目

iDeCoのしくみ

5日目

iDeCoの金融商品・金融機関の選び方

CONTENTS

6日目

実践！　新NISA制度とiDeCoの活用法

7日目

リスクヘッジとして考えたい金融商品とは？

登場人物

本書では、初心者の葵さん、山田くんと一緒に、7日間のカリキュラムで、新NISAとiDeCoを学んでいきます。

伊藤先生

葵さんと山田くんに新NISAとiDeCoを使った資産運用を教えてくれる先生。

葵さん（30）

関西で働くOL。25歳のときに訳も分からないままiDeCoを始めて、少し損してしまってから怖くて投資から疎遠に。
友達が新NISAはお得だからというので、先生に相談に来た。

山田くん（27）

都内で働く営業マン。お金のことには無頓着。学生時代の友人たちが飲み会で、新NISAやiDeCoのことで盛り上がっていて、そろそろお金の勉強を始めないとヤバいと思い、先生に相談にきた。

●質問に来た葵さんと山田くんの先輩たち

葵さんの先輩の
40代兼業主婦。

山田くんの先輩
30代会社員。

山田くんの会社の
部長。50代会社員。

本書の主な対象者

- これから投資を始めたいという初心者の方
- 老後資金を貯めたいと思っている方
- すでにiDeCoやNISAを始めているが、運用成績がふるわない方
- 株式投資の経験はあるが、NISAやiDeCoのしくみが不安な方

0日目

資産形成の考え方

2024年から新NISA制度が始まることから、資産形成や資産運用といった言葉が注目されています。
貯金とは違い、株や投資信託での資産形成は元本が減ってしまうリスクもあります。しかし、長期的に見ると上下があるものの、経済成長に合わせて利益を得ることもできます。
0日目では、資産形成や資産運用の考え方を学びます。

0-01 そもそも資産形成とは？

資産形成と資産運用の違いって何ですか？

資産形成は目的をもって自分の資産をつくること、**資産運用**はある程度資産を持っている人が運用で増やしていくことを指します

■資産形成と資産運用の違いは？

資産形成、資産運用。似たような言葉はいくつかありますが、この2つ、いったい何が異なるのでしょうか。

資産形成とは、ある目的のために**自分の資産を増やすこと**を指します。そもそも資産をあまり持っていないケースや、これから資産をつくっていこうという方は、この資産形成から始めていくべきです。

一方、**資産運用**とは、すでにある程度資産を持っている人が、株式や投資信託、外貨などの金融商品を活用して**運用収益を得ながら資金を増やしていくこと**が該当します。

本書では、まず資産形成の仕方、考え方を説明し、その後、ある程度資産が貯まってきた、もしくは資産を貯めながら運用することを前提に資産運用について解説していきます。

その際に、NISAやiDeCoといった公的なしくみを利用しながら、どのように資産運用をしていくべきなのかを説明します。

■まずは資産形成から行う

上記のように、ご自身の資産を構築するには、**まずは資産形成を、その後資産運用をという段階を経て行うべき**です。

そのためにも、定期的に貯蓄できる環境を整えることが大切です。

継続的に貯蓄を行い、その一部を資産運用にまわすといった方法が若年層では望ましい姿といえます。

ある程度貯蓄のある方は、その一部を資産運用で増やすことを検討していきましょう。

まずは、何かあった場合の備えとして**予備資金を300万円程度は貯める**ことを考えます。

と同時に、資産運用するための資金の確保も検討します。もちろん、すでに使う予定のあるお金は預貯金として確保しておきます。

すでに**300万円以上の資金がある方は、資産運用をスタート**できる環境にあります。

どれぐらい資産運用で利用できるお金があるのか、まずは考えてみましょう。

さぁ、皆さん準備はいいですか。資産形成、資産運用のスタートです。

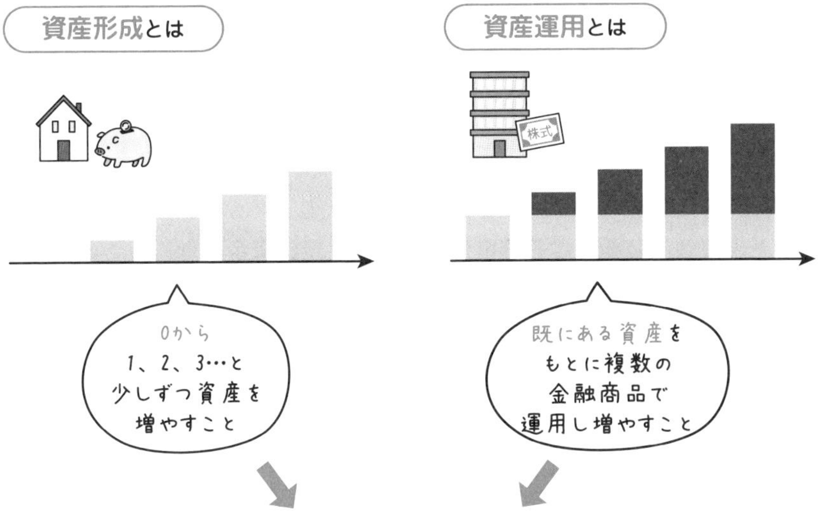

資産運用を行うためには、ある程度まとまった資金が必要。
資金がない場合には、資産形成と資産運用を
同時に行うことも検討しよう。

0-02 目標を決める

資産運用を行うためには、どの程度資産を持てばよいでしょうか？

資産がなくても資産運用は可能ではあるものの、できれば予備資金や今後必要となるお金は現預金で持っておきたいです。
そして、目的と目標を決めて、**数万円からでも運用をスタート**していきましょう

■まずは予備資金を貯める

資産運用を考える際に、まず考えたいのが**軍資金**です。つまり、資産形成が行えていないと資産運用を実行できません。

それではどの程度の軍資金があればよいのでしょうか？　1つの考え方として、**予備資金や必要となる資金を除いたお金が軍資金**と考えることができます。

今後数年間で必要となるお金は現預金で持っておき、それ以上のお金はすぐに利用するお金ではないため、資産運用の軍資金として利用する。

もちろん、余ったお金をすべて資産運用で使う必要はありません。その中の一部を運用で利用するのです。

そのためにも、まずは予備資金を貯めましょう。一般論として200～300万円程度あればよいです。そのお金が貯まったら、資産運用を始めていきます。

■資産形成と資産運用を同時にスタートするのもあり

すぐにでも運用したいという方は、**資産形成と資産運用を同時スタート**するのもありです。例えば、毎月2万円は現預金で貯める、同時に毎月2万円

は運用のお金に充てる。こうして同時並行で進めていくという考え方もできます。

いずれにせよ、資産運用においては目標を決めて増やしていくのが望ましいです。10年で500万円まで資金を確保できるようにしたい、老後資金として2000万円貯めたい。

ではその目標に対して、どれぐらいの期間運用でき、運用できるお金はどれぐらいあるのか？　逆算していくことでどの程度増やせばよいかわかるようになります。

まずは目標を決めましょう。人によって目標は異なるものの、達成可能かどうかも検証していく必要があります。

●目標を決める（一例）

500万円を目標とした場合の毎月の積立金額は？

		利回り（年）			
		0%	1%	2%	3%
運用期間	5年	8.3万円	8.2万円	8.1万円	7.9万円
	10年	4.2万円	4万円	3.9万円	3.7万円
	15年	2.8万円	2.6万円	2.5万円	2.3万円

1ヵ月当たりの必要積立額（年利回り0%の場合）➡ 毎月貯金する場合

		目標額			
		200万円	300万円	400万円	500万円
運用期間	5年	3.3万円	5万円	6.7万円	8.3万円
	10年	1.7万円	2.5万円	3.3万円	4.2万円
	15年	1.1万円	1.7万円	2.2万円	2.8万円

運用利回り（年間でどの程度増えるか）によって、毎月や毎年貯めるべき金額は異なってきます。
仮に株式などのリスクは高いがリターンも高くなる傾向のある金融商品で運用し、年3%の運用が実現できた場合には、目標値500万円に対して15年間毎月2.3万円を貯め、運用資金にできればよいと考えることができます。
もし貯蓄で500万円を15年で貯めようとすると、毎月2.8万円の貯金が必要となります。

0-03 資産形成・資産運用は気長に考えること

資産形成や資産運用はどの程度の期間で考えるべきですか？

一般的には中長期です。数年〜数十年単位になります。そのため、短期でひやひやしながらやるようなものではなく、中長期でどっしり構え、気長に行うべきです

■長期で継続的に貯めて・運用する

一般的に、**資産形成や資産運用は数年から数十年といった期間で検討**していきます。短期的な多少の上げ下げは気にする必要はありません。

もちろん、資産を増やすという視点では、長期的に見て今の資産形成方法、資産運用方法が適切であるかどうかは検証していく必要があります。

基本的に、**成長余力のある国・地域・企業に投資する**、これが資産運用では鉄則です。伸びしろのないところに投資しても意味がありません。

今後も長期的に期待できるところに投資するのであれば、それを信じて**継続的に買っていけばいい**だけなのです。

資産形成は着実に貯金等で貯め形成します。計画的に毎月いくら貯めるとしていけばよいです。

資産運用も一度決めた投資方針を軸として、**6ヶ月に1回程度の見直しをしながら、継続的に運用**していきます。シンプルに考えることが一番なのです。

ちょっと下がったぐらいで慌てない

仮に短期的に大きな下げがあった場合には、一度立ち止まりましょう。そして、この下げは何が原因なのか考えてみましょう。

もし仮にリーマンショックやコロナショックのような下げであれば、その後どうなったかを思い出してください。

その後の株価はみなさんご存知の通り、戻るどころかさらに上がっていますよね。中長期投資の強みは、何かの拍子に下がったら買い増しができることです。

そして、**継続運用により着実に資産を増やしていく**ことを考えるべきです。資産形成・資産運用は気長に考えましょう。「木を見て森を見ず」状態にならないことが大切なのです。

資産形成・資産運用は気長に考えること

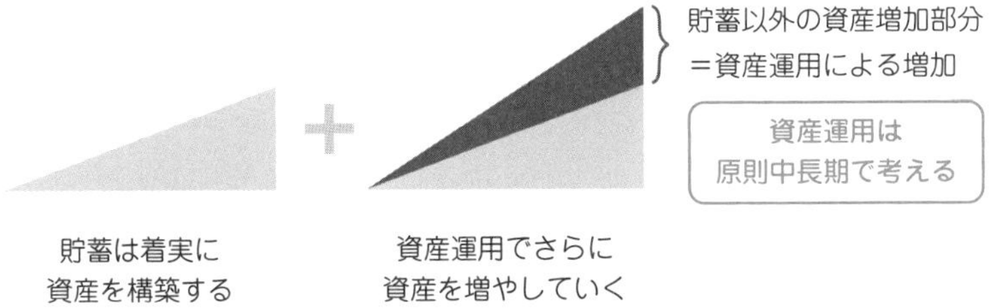

世界全体に投資する MSCI ACWI Index を見ても、
リーマンショック、コロナショック後、
株価は回復し上昇していることがわかる

＼気長に考えること／

Cumulative Index Performance - Gross Returns (USD)
（2008 年 4 月～2023 年 4 月）

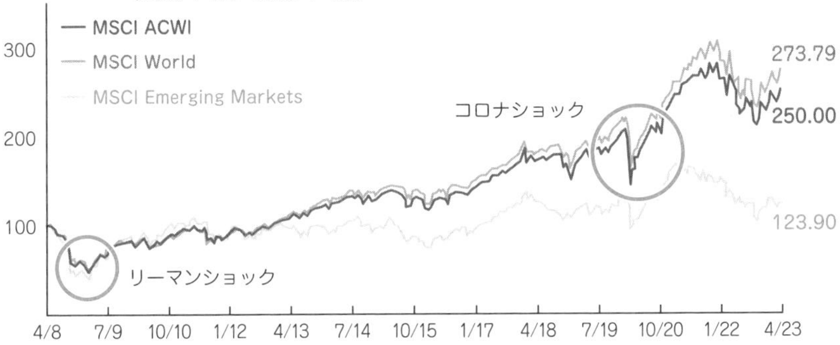

※MSCI ACWIは先進国23カ国及び新興国23カ国の大型株と中型株で構成されています。
2,480銘柄で構成され、グローバルでの投資機会の約85%をカバーする指数です。

0-04 時には短期売買もあり

中長期売買がメインではあるものの、短期売買も入れてもよいのでしょうか？

投資初心者におすすめしませんが、ある程度状況の読みができる方は、短期売買も時には行ってもよいでしょう

■大きく下がり、皆が不安視しているときに買う

資産運用においては、資産を増やしている方の多くが短期的な売買のチャンスも常に伺っています。

定期的にコツコツ購入していくのを基本としながらも、ここぞというときに追加で買い増したり、売り買いのできる方はさらに資産を増やせる可能性があります。

短期で資産を増やせる方法とは

投資初心者の方にはあまりおすすめはしませんが、短期売買で利益を上げる方法があります。

それは、**大きく下がった時に買い、戻したら売る**という方法です。

他にも、中長期で売買しようと思っていたものの、一日に10%以上など大きく上がったら売るといった方法も考えられます（もちろん上がっている理由が何かによります）。

こうした短期売買は、ある程度経験を積んでからでも構いません。

最後は心理戦になります。

今売るべきかどうか、まだ上がるのではと思って売らないと下がり、今が売り時と思って売ったらさらに上がる。こうしたことはよくあることです。

そのため、売ったらその銘柄を見ないなどルールを決めて、**淡々と売買できるのであれば短期売買も組み入れてもよい**でしょう。

株価が下がり、**皆が不安な時は買うチャンス**です。これは経験がなせる技となります。

もし何かしらの出来事で大きく下がっているときは、これは買いのチャンスかどうか考えてみてください。

ある程度運用に慣れてきたら、本書の【3日目】の章（72ページ参照）でみる投資指標を参考に、割安な状況であれば買い、短期で利益が得られたら売るといった方法も組み合わせることを検討してみるとよいでしょう。

利益確定（利確といいます）後は、その銘柄の株価は見ない

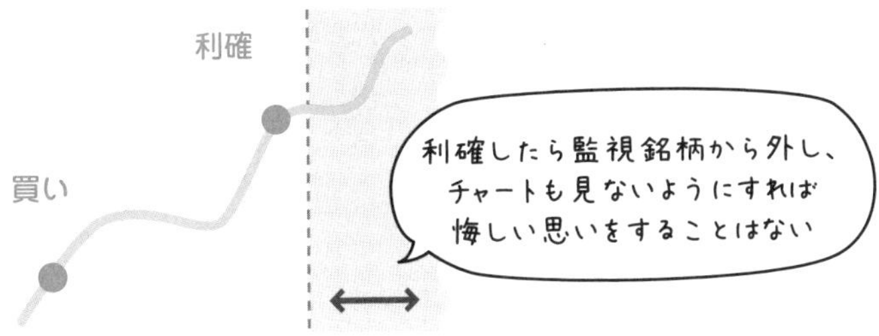

エントリー部分などで買っていく

短期投資のイメージ

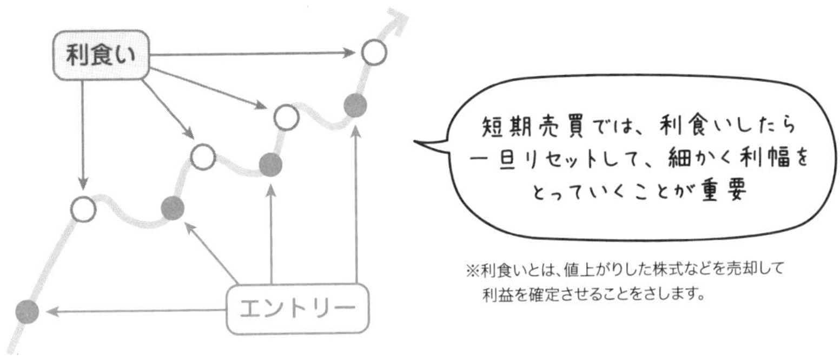

※利食いとは、値上がりした株式などを売却して利益を確定させることをさします。

0-05 非課税制度は あくまでおまけである

新NISAやiDeCoはお得なしくみと聞きましたが？

はい、税金面でお得なしくみであることは間違いありません。
ただし、あくまでも公的な制度であって、資産運用で増やせるかどうかはご自身の運用次第です。非課税制度はあくまでおまけであることを忘れずに。

■新NISAやiDeCoのしくみは 資産運用がうまくいってはじめてメリットとなる

資産運用を行い、利益が出ている場合、通常の課税口座では所得税15%、復興特別所得税0.315%、住民税5%、合計20.315%の税金がかかります。

仮に10万円の売買益が発生した場合、20,315円が税金としてかかります。

新NISA制度では**株や投資信託を売ったときの利益や配当を得たときの利益が非課税**となるため、税金がかかりません。

また、**iDeCo**でも積み立てながら運用し、**60歳を過ぎてからの給付は非課税**となり、税金がかからずに運用を続けられます。

詳細は次章以降に譲りますが、こうした制度をうまく活用すれば、皆さんにとって大きなメリットとなることがわかります。

しかしながら、こうしたしくみはあくまでおまけであって、資産を増やすことができなければ非課税の意味がありません。

つまり、最終的にはご自身の**資産運用能力がモノを言う**ことになるのです。増やすためにどうすべきかを習得する必要があります。むしろ増やすことを重視すべきなのです。その点を忘れないでください。

ここまで資産形成・資産運用の考え方を学んでいただきました。

資産形成では着実に貯め、資産運用では着実に増やせるようにしていく必要があります。

そして、非課税のしくみをうまく利用してさらに資産を拡大できるようにします。

非課税制度はあくまでおまけで利用できるものであり、増やせるかどうかとは別物です。その点は勘違いしないようにしてください。

それでは、1日目に移り、具体的な新NISAのしくみについて確認していきましょう。

資産運用の本質は、ご自身の資産を増やすこと、守ること。
非課税制度はあくまで増えた場合に利益が非課税となるものであり、
増えていなければ意味がない。

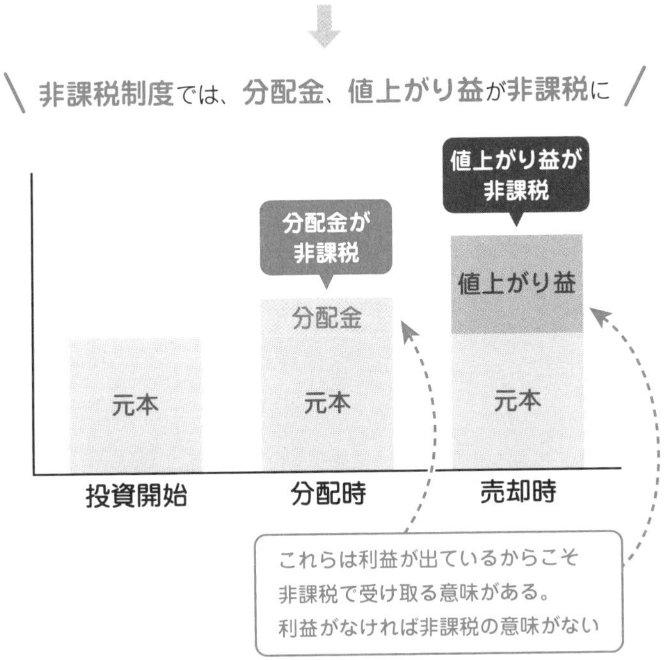

Column ライフプランニング表をつくってみよう

資産形成を始めるときに、一体なにから始めればよいか悩むでしょう。そんなときは、まず、自分のライフプランニング表をつくってみるとよいでしょう。

	2023年	2024年	2025年	2026年
経過年数	現在	1年後	2年後	3年後
夫の年齢	30歳	31歳	32歳	33歳
妻の年齢	26歳	27歳	28歳	29歳
長男の年齢	0歳	1歳	2歳	3歳
次男の年齢	0歳	0歳	0歳	1歳
ライフイベント		保育園入園	車の購入	長男の 七五三 住居購入
夫の収入	400万円	420万円	440万円	460万円
妻の収入	100万円	200万円	210万円	100万円
一時的な収入	–	–	–	–
収入合計Ⓐ	500万円	620万円	650万円	560万円
基本生活費	200万円	200万円	200万円	200万円
住居関連費	160万円	160万円	160万円	200万円
車両費	0万円	0万円	50万円	50万円
教育費	0万円	20万円	20万円	20万円
保険料	30万円	30万円	30万円	30万円
その他の支出	0万円	0万円	0万円	0万円
一時的な支出	60万円	10万円	100万円	350万円
支出合計Ⓑ	450万円	420万円	560万円	850万円
年間収支Ⓐ－Ⓑ	50万円	200万円	90万円	-290万円
貯蓄残高	**200万円**	**400万円**	**490万円**	**200万円**

1日目

新NISAのしくみ

2024年から始まる新NISAは今までのNISAがより改善されたものとなり、制度を利用する側にとってうれしい変更がたくさんあります。
これまでに一般NISAやつみたてNISAを利用している方も、新NISAから始める方も、知っておきたい基本のしくみや、特定口座との使い分けなどをここで学んでいきましょう。

1-01 投資で得た利益に税金がかかりません

新NISAって、そもそもどのようなしくみなのでしょうか？

通常の口座（課税口座といいます）の場合、利益に対して税金がかかります。しかしながら、新NISAを利用することで、税金がかからずに利益を受け取ることができます

■株や投資信託で得た利益が非課税に

2024年から実施の新NISAは老後資金など中長期的な資産形成を図るための国が制定した投資の制度です。

最大の特徴は、**投資した株や投資信託などを売却し利益が出ていても税金がかからずに資金を受け取ることができる**点です。

仮に年間で120万円、新NISA制度を利用して投資を行い、10年間毎年コツコツ積み立てで資産形成を図ったとします。

簡素化のために、毎年120万円を一括で投資したと仮定します。この場合の投資額の合計は1,200万円となります。

もし、年3％の運用利回りで投資ができたとすると、この1200万円は10年後に1,375万6,800円となり175万円6,800円の利益が生じます。

通常の課税口座であれば175万円6,800円の利益に20.315％の税金（所得税15％＋住民税5％＋復興特別所得税0.315％）がかかります。

一方、**新NISAでは利益に税金がかからず**、まるまる利益を受け取ることができます。

このケースにおいて、10年間で積み立てをストップし、その資金をさらに10年間、年3％で株式等で運用を行ったとします。

このケースの場合、10年後に1,848万9,139円となり、投資額の合計

1,200万円に対して利益は648万9,139円となります。

この場合でも、この利益は非課税で受け取ることができます。一方、課税口座であれば、131万8,268円の税金がかかりますが、新NISAではかかりません。

あくまでも利益が出たら、という前提があるものの、継続して運用し資産を増やすことができれば非課税の効果が大きいことがわかっていただけたかと思います。

2024年からの新NISAでは、**非課税保有期間が無期限**となったため、いつ売却しても非課税です。ぜひうまく利用してきましょう。

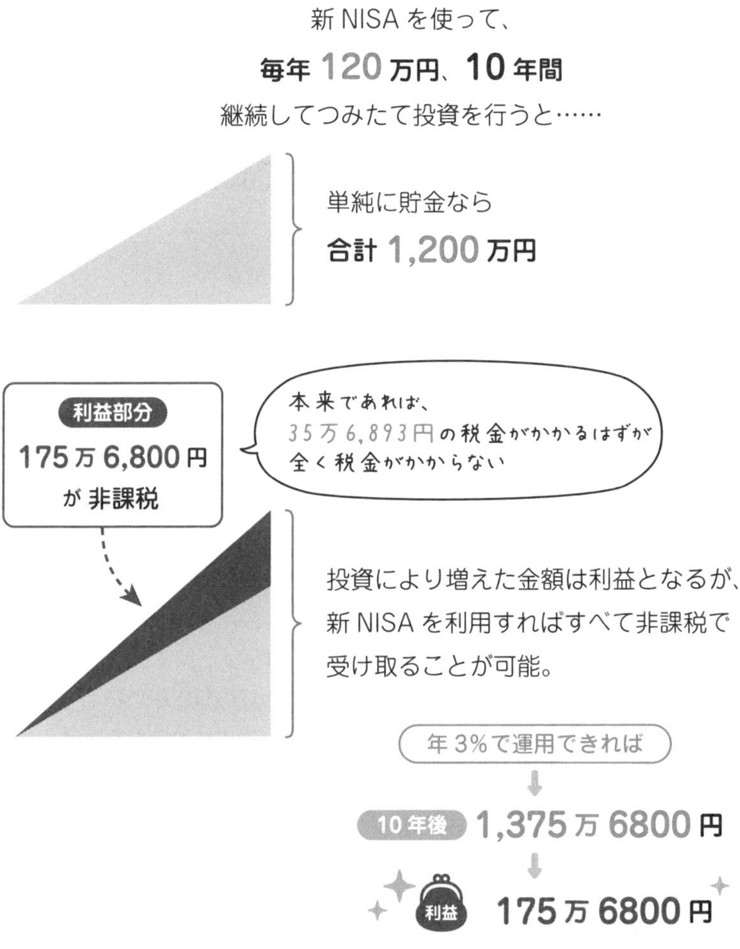

1-02 つみたて投資枠と成長投資枠

新NISAにはどんな投資枠があるのでしょうか？

新NISAには、つみたて投資枠と成長投資枠があります。積立投資を中心とするならつみたて投資枠、上場株式を中心に運用するなら成長投資枠を主に利用するとよいでしょう

■年間120万円のつみたて投資枠と240万円の成長投資枠

新NISAは、2つの投資枠から構成されます。

1つが「**つみたて投資枠**」、もう1つが「**成長投資枠**」です。

つみたて投資枠

つみたて投資枠とは、その名の通り、毎月などコツコツ積み立てにより運用を行う枠を指します。**1年間に120万円**まで投資が可能です。投資対象は長期の積立・分散投資に適した一定の**投資信託**です。

2023年末までのつみたてNISAの40万円から大幅に増えています。

成長投資枠

成長投資枠は、例えば株価が大きく下がった時などにスポットで購入したりと、好きな時に売買できる投資枠で**年間に240万円**まで投資を行うことができます。投資対象は**上場株式**や**投資信託**、**ETF**、**REIT**であり、投資信託に限定されていません。

2023年末までの一般NISAの120万円の可能額から倍に増えています。

そして、両方の投資枠を利用すると年間投資の可能額は360万円になります。どちらか片方だけを利用して運用していくことも可能です。

年間で360万円の投資を行うことができれば両方の枠を目いっぱい利用することも可能ですが、なかなかそうもいかないのが現実だと思います。

そのため、積立投資を中心とするならつみたて投資枠を、上場株式を中心に運用するなら成長投資枠を主に利用するとよいでしょう。

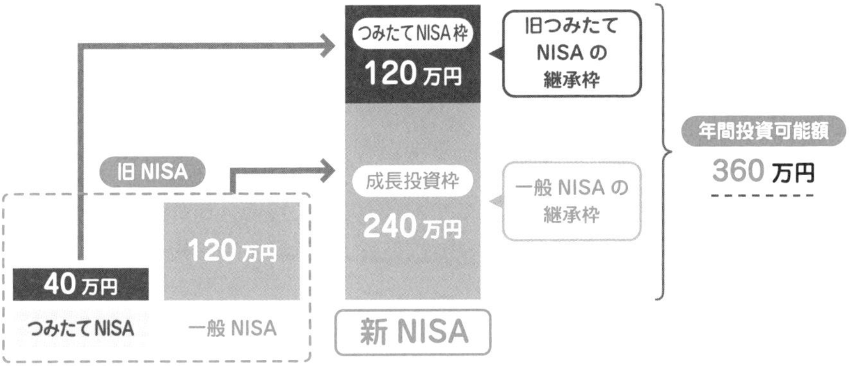

＼つみたてNISA枠と成長投資枠の併用が可能／

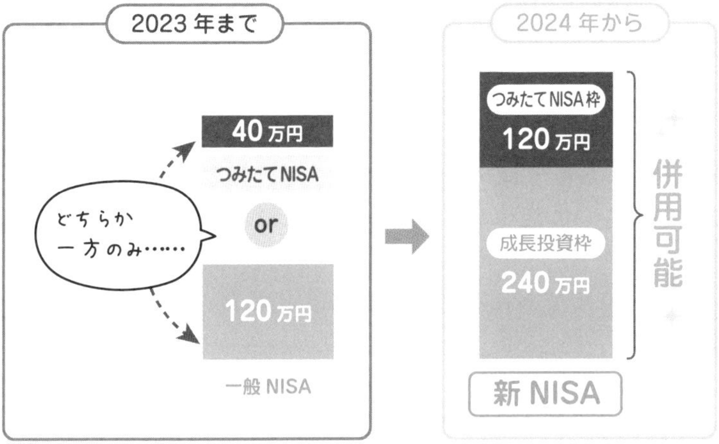

なお、新NISAでは信託期間20年未満、リスクの高い高レバレッジ型の投資信託や毎月分配金が支払われる可能性のある毎月分配型の投資信託などが対象外となっています。

1-03 2つの投資枠の運用のしかた

新NISAでは最大投資できる金額はいくらになりますか？

2つの投資枠あわせて1800万円まで投資が可能です。そのうち、成長投資枠に関しては1200万円までとなっています

■2つの投資枠をどうやって使う？

新NISAでは、**投資できる限度額**が決まっています。つみたて投資枠、成長投資枠あわせて**1,800万円が上限**です。ただし、**成長投資枠に関しては、うち1,200万円まで**となっています。

つみたて投資枠だけで継続投資する場合

例えば、つみたて投資枠でコツコツ毎年資産を増やしていきたい方は、年120万円の非課税枠をフル活用し15年間継続すれば上限の1,800万円に到達します。

年100万円の積み立てであれば18年、年60万円であれば30年で上限に到達します。

そのため、無理をせずできる範囲からコツコツ投資していきたいということであれば、**つみたて投資枠のみで1,800万円を目指すことも検討**に値します。

成長投資枠とつみたて投資枠を併用する場合

すでに資産を形成しており、ある程度まとまった資金があるという方は、**成長投資枠で1,200万円、つみたて投資枠で600万円と振り分ける**ことも

可能です。

この場合には、成長投資枠は年240万円で5年継続し、つみたて投資枠も年120万円で5年継続することで上限に到達します。

どのように利用していくのがご自身にとって都合がよいのか、検討してみましょう。なお、無理して上限枠まで利用する必要はありません。

投資可能な金額と、最終的な目標を照らし合わせながら、効果的な運用を行っていくことが第一です。

生涯投資上限額に関するポイント

- **成長投資枠の上限は1,200万円**
- **成長投資枠で1,200万円を埋める必要はなく、**1,800万円をすべて**「つみたてNISA枠」で埋めてもOK**
- すべて**「つみたてNISA枠」で埋める**場合、**最短で15年**かかる（年間120万円×15年＝1,800万円）

1,800万円までなら売却し再度購入が可能

例えば5年後に上限の1,800万円に到達したため、いったんつみたて投資枠のうち120万円分と成長投資枠のうち240万円分を売却し、再度6年目にそれぞれの年間投資枠を利用することも可能です。

つまり、**保有できる投資枠が1,800万円まで**というものであって、売買により入れ替えをすることは可能なのです。

その際には、年間の投資枠に注意してください。枠のうち500万円売却したら、その年に500万円買ってもよいわけではありません。あくまで年間を通して**最大360万円**までしか投資できませんので、注意してくださいね。

＼「投資可能枠の再利用」が可能／

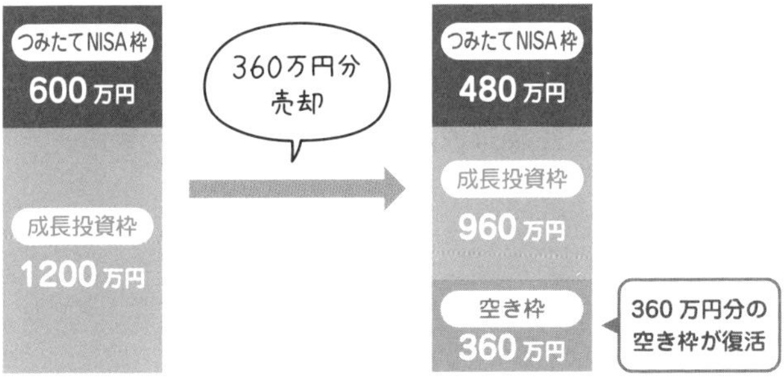

1-04 これまでのNISAとどこが変わったの？

新NISAのしくみについてある程度理解できました。2023年までのNISAのしくみと変わった点は何でしょうか？

非課税枠が増加し非課税期間も無期限となったため、どなたにとっても投資しやすいしくみとなりました

■ 非課税の投資枠が拡大され保有期間は無期限に

それでは、2023年まで利用できるこれまでのNISAとは何が異なるのでしょうか。

すでにNISA制度を利用中の方にとっては気になる点だと思いますので、旧制度とどこが異なり、どのように運用していけばよいのか解説したいと思います。

非課税の投資枠が大幅に拡大

2024年からの新NISAでは**非課税枠が増加**しました。

これまでは一般NISA（年間非課税枠120万円）、つみたてNISA（年間非課税枠40万円）、どちらかしか利用できませんでした。

2024年からはつみたて投資枠（年間非課税枠120万円）、成長投資枠（年間非課税枠240万円）の両方同時に投資できるようになります。

合計で年360万円まで非課税枠が利用できるため、まとまった資金での運用も可能です。

非課税の保有期間が無期限に

もう一つ大きな違いは、旧制度では**非課税保有期間**があったことです。

一般NISAでは5年間、つみたてNISAでは20年間という非課税保有期間があったため、その非課税保有期間が過ぎると、課税口座に移すか、再度非課税口座にて投資する（**ロールオーバー**する）必要がありました。

2024年からの投資ではそうしたことも気にする必要なく、長期にわたり保有して**いつ売却しても非課税**となります。

ジュニアNISAは廃止に

なお、2023年まではジュニアNISAという未成年者が利用できる非課税口座がありましたが、2024年以降は利用できません。18歳以上の成人のみ、新NISA制度は利用できます。

●2023年までの旧NISA

	NISA（20歳以上）		ジュニアNISA（20歳未満）
	一般NISA	つみたてNISA	
制度開始	2014年1月から	2018年1月から	2016年4月から
非課税保有期間	5年間	20年間	5年間 ※ただし、2023年末以降に非課税期間が終了するものについては、20歳まで非課税で保有を継続可能。
年間非課税枠	120万円	40万円	80万円
投資可能商品	上場株式・ETF・公募株式投信・REIT等	長期・積立・分散投資に適した一定の投資信託 ※金融庁への届出が必要	一般NISAと同じ
買付方法	通常の買付け・積立投資	積立投資（累計投資契約に基づく買付け）のみ	一般NISAと同じ
払出し制限	なし	なし	あり（18歳まで） ※災害等やむを得ない場合には、非課税での払出し可能。
備考	一般とつみたてNISAは年単位で選択制 2023年1月以降は18歳以上が利用可能		2023年末で終了

●2024年からの新しいNISA

	つみたて投資枠 併用可	成長投資枠
年間投資枠	120万円	240万円
非課税保有期間※1	無期限化	
非課税保有限度額（総枠）※2	1800万円 ※簿価残高方式で管理（枠の再利用が可能）	1200万円（内数）
口座開設期間	恒久化	
投資対象商品	長期の積立・分散投資に適した一定の投資信託 ［2023年までのつみたてNISA対象商品と同様］	上場株式・投資信託等※3 ［①整理・監理銘柄 ②信託期間20年未満、高レバレッジ型及び毎月分配型の投資信託等を除外］
対象年齢	18歳以上	
現行制度との関係	2023年末までに一般NISA及びつみたてNISA制度において投資した商品は、新しい制度の外枠で、現行制度における非課税措置を適用 ※現行制度から新しい制度へのロールオーバーは不可	

※1　非課税保有期間の無期限化に伴い、現行のつみたてNISAと同様、定期的に利用者の住所等を確認し、制度の適切な運用を担保

※2　利用者それぞれの非課税保有限度額については、金融機関から一定のクラウドを利用して提供された情報を国税庁において管理

※3　金融機関による「成長投資枠」を使った回転売買への勧誘行為に対し、金融庁が監督指針を改正し、法令に基づき監督及びモニタリングを実施

※4　2023年末までにジュニアNISAにおいて投資した商品は、5年間の非課税期間が終了しても、所定の手続きを経ることで、18歳になるまでは非課税措置が受けられることとなっているが、今回、その手続きを省略することとし、利用者の利便性向上を手当て

金融庁ホームページ：https://www.fsa.go.jp/policy/nisa2/about/nisa2024/index.html

2024年からは大幅に変わるので、NISAを始める方、継続する方はチェックしておきましょう！

1-05 新NISAの疑問を解決します！

■ 新NISA制度の小さな疑問にお応えします

新NISA制度を利用するにあたって、質問・疑問が多く寄せられる内容をまとめました。

もやもやっとしている疑問を以下で解決していきましょう。

運用の途中で使用する金融機関は変えられますか？

投資できる金融商品をもとに金融機関を決めたいです。途中で金融機関の変更はできますか？

金融機関の変更は年単位で可能になります。たとえば、2025年から新しい金融機関に変更したい場合には、2024年中に変更の手続きを完結する必要がありますね。

例えば、**証券会社**であれば上場株式、J–REIT（不動産投資信託）、ETF（上場投資信託）、株式投資信託が新NISAで利用可能です。

一方、**銀行や信用金庫、郵便局**などでは株式投資信託に限定されます。

実際に新NISAを利用しているうちに、他の金融機関の方が投資したい商品が多いので金融機関を変更したいというニーズも出てくるでしょう。

こうしたニーズに対応できるように、新NISAでも**金融機関の変更は可能**となります。

なお、変更を希望する場合、**決められた期間内に変更を行う必要**があります（詳細は各金融機関にお問い合わせください）。

いま入っている旧NISAは新NISAで再度手続きが必要ですか？

すでにNISA口座を保有している者です。新制度になって、再度手続きを行う必要がありますか？

すでにNISA口座をお持ちの方で、金融機関の変更をしない場合には、自動的に新しいNISA口座が設定されるので、心配いりませんよ！

金融庁によれば、2023年までのNISA(一般・つみたて）制度を利用している場合、新NISA制度が始まったときに新しいNISA口座（つみたて投資枠及び成長投資枠）が自動的に設定されるなど、新制度の手続が複雑とならないようになっています。

一般NISAやつみたてNISAをロールオーバーできますか？

新しいNISA制度を始める場合に、2023年までにNISA制度で買い付けた商品は移管（ロールオーバー）できますか？

新NISAへ移管（ロールオーバー）することはできません。

既に一般NISAやつみたてNISAで保有している商品を、新NISAへ移管（ロールオーバー）することはできません。

とはいえ、新NISA制度が始まるからといって保有する商品を売却する必要もありません。

2023年までにNISA制度で買い付けた商品は、**一般NISAは購入時から最長で5年間、つみたてNISAは最長で20年間**、そのまま非課税で保有可能です。

そのため、急いで売る必要はなく、売りたいときに売ればよいことになります。ただし、新NISAへは移管できないため、売却しない場合には新NISAで新しく株式や株式投資信託を買うための資金が必要です。

課税口座の商品を新NISAへ移管することはできますか？

課税口座で購入している商品を新NISAへ移管することはできますか？

課税口座で保有する商品があったとしても、それらを新NISAへ移管することはできません。

同じ商品を継続して購入するのであれば、非課税の恩恵が受けられる可能性がある新NISAで新しく買い付けしたほうがよいでしょう。

なお、分散投資として異なる商品を新NISAで購入されるのであれば、課税口座で保有する商品はそのまま保有し、リスク分散を図るといった方法も検討できます。

注意点として、NISA制度で損失が生じた場合、他の**課税口座と損益通算できない**点を挙げておきます。

NISA口座は利益が出て、初めて非課税のメリットが受けられます。NISAで損失が出ても、他の課税口座の利益と相殺して税金は計算できません（この場合、利益に対してのみ課税されます）。

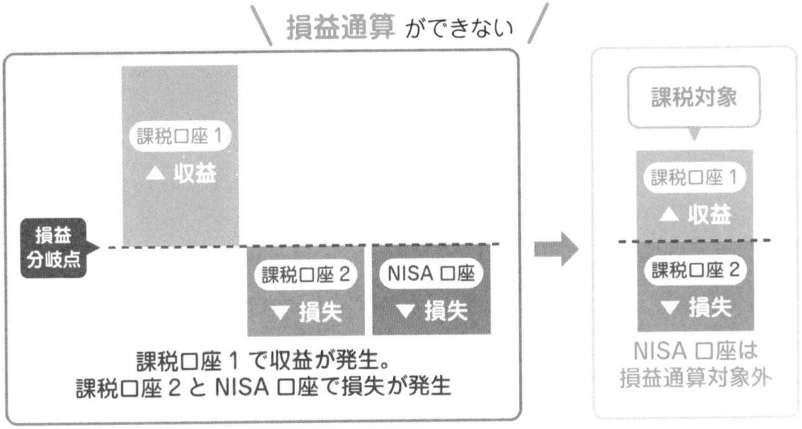

1-06 NISA口座以外の特定口座と一般口座の開設

NISA以外にはどんな証券口座があるのですか？

証券会社や銀行で投資用の口座を作成する際に、NISA口座以外として一般口座と特定口座があります。投資初心者は、NISA以外には特定口座（源泉徴収あり）の開設をおすすめします

■NISA以外には特定口座と一般口座があります

証券会社や銀行などで投資用の口座を開設する場合、NISA口座以外に一般口座と特定口座があります。

一般口座と**特定口座**はいずれも**利益に対して税金がかかる**課税口座となりますが、その大きな違いは、**年間取引報告書**を誰が作成するかという点と、**確定申告**が必要かどうかという点です。

特定口座とは、**年間取引報告書を金融機関が作成**してくれるものです。

一年間でどれぐらい売買を行い、利益が出たのか、この報告書を見ることで一目瞭然となります。

一般口座では**自分で年間取引報告書を作成**しなければならないため、取引の多い方は作成が大変です。一般口座は、一般的に未公開株など特定口座では取り扱いができない株式を管理するための口座です。

そのため投資初心者は、NISA以外には特定口座（源泉徴収あり）の開設をおすすめします。

特定口座の源泉徴収の選択について

また、特定口座には**源泉徴収あり**と**源泉徴収なし**があります。

源泉徴収ありでは、**金融機関が税金の徴収**も行ってくれます。

源泉徴収なしでは、**確定申告により税金の申告や支払いを自分で行う**必要があります。

そのため、手間暇を考えると、投資初心者の方がNISA口座以外に口座開設をする場合、**特定口座（源泉徴収あり）をおすすめ**します。

なお、開設時にいずれの口座を選択しても費用はかかりません。無料で作成できます。

なお、**NISA口座は1つの金融機関でしか作成できません**が、特定口座は複数の金融機関で作成が可能です。

●3種類の証券口座の違い

	特定口座（源泉徴収あり）	特定口座（源泉徴収なし）	一般口座
年間取引報告書	金融機関が作成	金融機関が作成	自分で作成
確定申告	原則不要	必要	必要
自分ですること	とくになし	確定申告 金融機関が作ってくれる年間取引報告書を利用することで、手間が減らせる	確定申告 自分で利益や損失を計算して年間取引報告書を作成する必要がある

※確定申告とは、ご自身の1年間（1月1日～12月31日）の収入などを税務署に申告するものです。会社員の方は、会社が税金等の支払いは行ってくれるため、通常確定申告は行う必要はありませんが、一般口座や特定口座（源泉徴収なし）を選択するとご自身で確定申告を行う必要が出てきます。

特定口座は必ず開設しておこう

NISAの投資枠だけでは足りなくなって**さらに多くの金額を投資したい場合**や、ハイリスク・ハイリターンのレバレッジ投資信託など**NISA口座では投資ができない商品に投資したい場合**などには、特定口座を活用する必要があります。

そうした場合も考慮して、NISA口座以外に特定口座も開設しておくとよいでしょう。

1-07

NISA口座と特定口座はどう使い分ける？

NISA口座と特定口座は、どのように使い分けたらよいですか？

例えば、国内の金融商品はNISA口座、海外の金融商品は特定口座で投資するなど使い分けにより賢く利用していくとよいでしょう

■NISA口座の非課税枠をフル活用→その後特定口座へ

NISA口座と特定口座の2つの証券口座を開設しました。この2つをどのように使い分けたらよいでしょうか？

最低限のマストな考え方として、国内株式や投資信託で運用する場合、**NISA口座の非課税枠をフル活用**することです。

国内株式・投資信託だけが対象であれば、NISA口座の対象商品の枠内いっぱいに投資して、その後さらに投資したい場合には、課税される特定口座で購入するのがセオリーです。

また、NISAで購入できない投資商品は必然的に特定口座での購入になります。

海外での課税は無税にならない

NISA口座ではあくまで国内の投資利益への税金が非課税となる制度です。海外の株式や海外のETFもNISA口座で購入することは可能です（金融機関ごとに対象商品が異なります）。その際に、海外株やETFであっても国内の金融機関で購入している限りは国内での利益となります。

一方、海外株式や海外ETFで発生した利益は、海外での税金（外国所得税等）が課税される場合があり、NISA口座でも無税にはなりません。

　なお、日本と海外における税金が二重にかからないように税金が調整できる**外国税額控除**というしくみが活用できますが、NISA口座では外国税額控除は適用外となります。そのため、**国内の金融商品はNISA制度**で、海外の**金融商品は特定口座**で売買するほうがよいかもしれません。

NISAでの購入は利益重視、リスクヘッジは特定口座で

　株式投資のリスクヘッジとして活用したい債券への投資は、NISA口座で行なうことはできません。

　利益を乗せていく投資はNISA口座で行い、**リスクヘッジとして外国債券や公社債投資信託に投資する場合には特定口座を**利用しましょう。

　まずはNISA口座で非課税枠をフル活用し、一方、特定口座ではNISAで投資ができないような金融商品や税金面を考慮して海外資産を活用するのが定石となります。

NISA口座の投資対象となる金融商品、投資対象とならない金融商品

対象となる金融商品

株式投資信託
国内株
外国株
国内ETF
海外ETF
ETN（上場投資証券）
国内REIT（J-REIT）
海外REIT
新株予約権付社債（ワラント債）

対象とならない金融商品

非上場株式
預貯金
債券
公社債投資信託
MMF・MRF
eワラント
上場株価指数先物
FX（外国為替証拠金取引）
金・プラチナ　等

NISA口座の投資対象とならない金融商品を、他の口座で活用しリスクヘッジしていくとよい

※実際に購入することのできる金融商品は金融機関によって異なりますので、詳しくは口座を開設する金融機関にお問い合わせください。
出典：金融庁　一般NISAの基礎知識：金融庁（fsa.go.jp）

1-08 短期売買と中長期売買での NISA口座活用法

短期売買を考えた場合、新NISA口座はどのように
利用すればよいでしょうか？

短期売買の場合、成長投資枠を中心に活用します。
目標値を決め到達したら売買しましょう。

■短期売買は成長投資枠の年240万円をフル活用

NISA制度は、本来は数年から何十年にわたる中長期投資の資産運用を前提としたものです。投資信託やETFの購入は中長期投資が目的となりますが、短期での売買となると個別銘柄が対象になります。

NISA口座を利用して個別銘柄を短期のデイトレード（1日でのトレード）、スイングトレード（数日～数週間でのトレード）で売買する場合は、**個別銘柄が購入できる成長投資枠**を利用することになります。

成長投資枠は年間投資額の**上限が240万円**です。これをどう活用していくかを検討してみましょう。

■株価が大きく下落したら買って上がったら売る

年に何回か**日経平均株価が大きく下落する購入のチャンス**が訪れます。このチャンスを逃さず、**訪れたチャンスごとに投資していくといった方法**を考えてみてはいかがでしょうか。

悲観的なムードの時にまとめて投資し、株価が元に戻った時、高値圏で売却するといった方法です。

この取引を1～12月の年度内にできれば、NISA口座の保有資産は増えず非課税の利益だけが蓄積されます。

翌年も**非課税保有限度枠1800万円**を気にせずに**毎年240万円の投資を行うことが可能**です。

つみたて投資枠も年内に売買する

さらに投資できる余力がある方は、**つみたて投資枠も活用**し投資信託を購入します。

つみたて投資枠（年120万円）は、毎月コツコツと投資信託を積み立てつつ、評価額が上がったときにすべて売却します。

両方の枠を年内に売買し取引が完結すれば、**限度枠を気にせずに翌年も合計で360万円の枠が活用できます**。

このとき大事なのは、**成長投資枠部分をいかに底値で買うか**ということです。割安な水準で買えずに高値で買ってしまったときには、その後下落し元に戻らず塩漬けとなる可能性があります。

そのため、不祥事や治政的な要因、事故などに左右される個別銘柄より、日経平均株価などのインデックスを対象とするETFなどでの売買のほうが大きな利益は得られませんが、確実な利益を手にできると思います。

1人1800万円の非課税保有枠

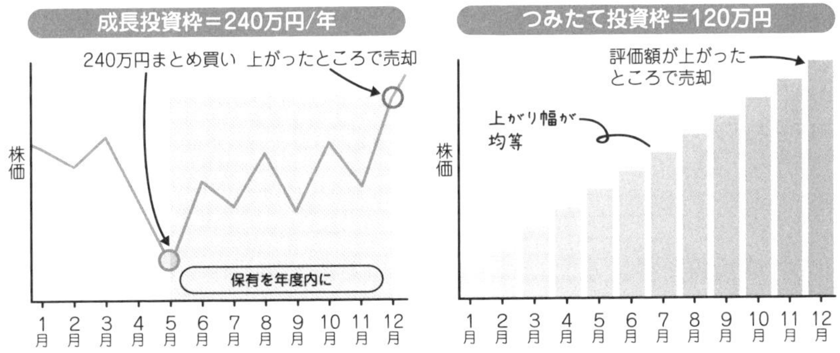

■中長期売買はつみたて投資枠の年120万円をフル活用

数ヶ月〜何十年にわたる中長期での投資を考える場合、年間投資枠が120万円の**つみたて投資枠**を軸に検討しましょう。

20〜30代は月3万円の積立から

NISAの非課税保有限度額の1800万円をつみたて投資枠のみで行おうとすると、最低でも15年はかかります（120万円×15年＝1800万円)。

とはいえ、月10万円を積み立てて毎年120万円の枠いっぱい投資することは若い世代にはなかなか大変です。

例えば毎月3万円ずつの積み立てを行い、可能な範囲で投資するという方法をおすすめします。

資金に余裕ある方はつみたて投資枠→成長投資枠

資金に余裕がある方は、毎月10万円の積み立てを継続して時間分散しながら投資し、**120万円の年度枠いっぱいに使い切る**のがいいでしょう。

つみたて投資枠の年120万円に加え、成長投資枠の年240万円も利用できる余力がある方は、**中長期投資でしっかりと資産を構築する部分はつみたて投資枠**で、**短期の売買や配当金・株主優待狙いで成長投資枠**を利用していくという方法も検討できます。

つみたて投資枠は毎年継続して利用し、非課税保有限度額の空いている部分で成長投資枠を利用していきます。

成長投資枠は目標値で売却し、つみたて枠で埋める

なお、**成長投資枠は最大でも合計1200万円まで**しか利用できない注意が必要です。

そのため、成長投資枠の銘柄は目標値に到達したら売却し利益を残したら枠を空けて、その空いた部分をつみたて投資枠で埋めていくという方法が考えられます。

機械的にコツコツ買っていくつみたて投資は、意外に運用成績もよかったりします。

個別銘柄の短期売買では、感情が入って早く売りすぎたり、買いそびれることもしばしばです。

売り時は肝心ですが、まずは資産を構築するためにも**中長期投資派はつみたて重視**で行っていきましょう。

1人1,800万円の非課税保有枠

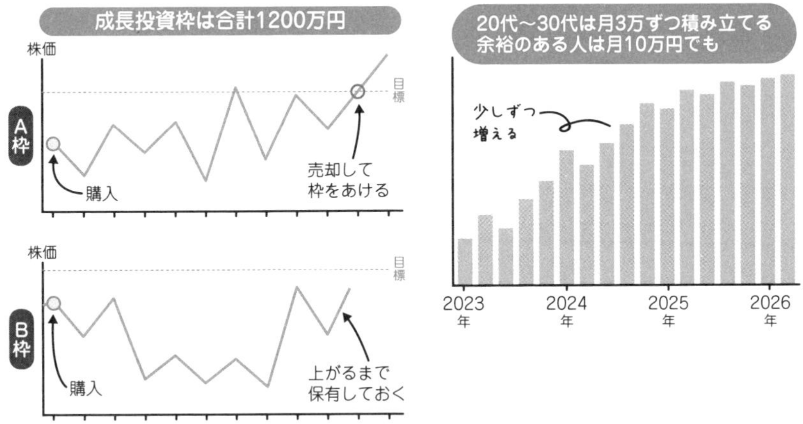

中長期投資はつみたて投資枠を中心に検討しましょう。
年120万円を15年でも、年100万円を18年、年60万円を30年などカスタマイズ可能です。
利用していない投資枠部分を使って、成長投資枠で株式投資を行うもよいでしょう。

Column 手数料が低くておすすめの投資信託・ETFその1

たわらノーロード先進国株式

米国・英国・カナダなど幅広い国に投資しています。日本を除いた「MSCIコクサイ・インデックス」に連動しています。信託報酬が0.09889%と安く設定されています。

eMAXIS Slim米国株式(S&P500)

S&P500指数（配当込み、円換算ベース）の値動きに連動する投資成果をめざします。米国株式への分散投資におすすめの銘柄です。信託報酬が0.0935%と安く設定されています。

TracersMSCIオール・カントリー・インデックス

全世界（47カ国）の個別銘柄が投資対象となっており、その数は2889銘柄に及びます。米国株に投資している銘柄に比べ、リターンが少なくなるもののリスクも少ないことが特徴です。信託報酬が0.05775%（これにその他費用上限0.03%が上乗せされる）と安く設定されています。

はじめてのNISA・全世界株式インデックス(オール・カントリー)

MSCI ACWI(配当込み、円換算ベース）の中長期的な動きを概ね捉える投資成果を目指し
て運用を行ないます。信託報酬が0.05775%と安く設定されており、NISAではじめて投資デビューの方にもおすすめです。

＜購入・換金手数料なし＞ニッセイ外国株式インデックスファンド

MSCIコクサイ・インデックス（配当込み、円換算ベース)」に連動する投資成果を目指すファンドです。日本を除く主要先進国の株式に投資します。信託報酬は年0.09889%以内。

2日目

新NISAで買える金融商品の選び方

新NISAでは、購入できる金融商品が定められています。種類も豊富で、海外のETFや不動産投資信託も対象なので、自分にあった金融商品を選ぶことが重要になります。
また、投資信託の利確のタイミングや手数料についても解説します。
他にも、積立投資の威力や金融期間の選び方などを学びましょう。

2-01 新NISAで投資できる金融商品は？

新NISAでは、どんな金融商品も購入することができるのでしょうか？

新NISAの成長投資枠では、株式や投資信託、ETF、REITを購入することができます。債券など購入できない金融商品もあります。
つみたて投資枠では株式は購入できません

■成長投資枠で買える商品は？

新NISAの成長投資枠では、従来の一般NISAとほぼ同じ商品を購入することができ、次のようになります。

- **上場株式（国内・海外）**
- **株式投資信託（非上場）**
- **ETF(上場投資信託：国内・海外)**
- **REIT(上場不動産投資信託)**

といった金融商品に投資が可能です。

非上場株式や債券、金、FXといった金融商品、①整理銘柄・監理銘柄、②信託期間20年未満、高レバレッジ型、毎月分配型の投資信託は投資対象となっていません。

また、非上場株式、預貯金、債券、公社債投資信託、MMF・MRF、eワラント、上場株価指数先物、FX(外国為替証拠金取引)、金などの貴金属取引は、そもそもNISA制度の投資対象となっていません。

投資信託協会のWebサイトでは対象商品リストが公表され、エクセル形式のリストをダウンロードすることができます。

なお、Webサイトでは毎月1回、対象商品リストが更新されていく予定になっています。

■つみたて投資枠で買える商品は？

つみたて投資枠は、旧つみたてNISAと同様に、金融庁が定める要件を満たす長期・積立・分散投資に適している金融商品を購入することができます。国内、海外の上場株式は購入できません。

- **株式投資信託**
- **国内ETF(株式)**
- **REIT**
- **一部の海外ETF**

つみたて投資枠では、金融庁が指定した、長期の積み立てまたは分散投資に適した一定の投資信託に限られています。

次のような選定基準があります。

- 主たる投資の対象資産に株式を含むこと（ETFは投資の対象が株式）
- 販売手数料ゼロ（ノーロード）（ETFの場合は販売手数料1.25%以下）
- 信託報酬が一定水準以下
- 信託契約期間が無期限または20年以上
- 毎月分配型でない
- デリバティブ取引による運用を行っていない（ヘッジ目的の場合等を除く）

	2023年までのNISA制度		2024年からの新NISA制度	
	つみたてNISA	一般NISA	つみたて投資枠	成長投資枠
国内株式	×	○	×	○
外国株式	×	○	×	○
株式投資信託	○	○	○	○
国内ETF	○	○	○	○
海外ETF	一部可能	○	一部可能	○
REIT	○	○	○	○

2-02 投資信託には様々な種類がある

投資信託にはどのような種類があるのでしょうか？

投資信託は、商品の組み合わせによって、色々な種類があります

■投資信託はリスクを分散できるパッケージ商品

投資信託とは、株式や債券など様々な商品を組み合わせパッケージ化された金融商品です。

「**卵は1つのカゴに盛るな**」という格言があります。もし、多くの卵を1つのカゴに盛ってしまうと、カゴが落ちてしまったときに卵がすべて割れてしまいます。複数のカゴに卵を分けておけば、1つカゴが落ちても他のカゴは助かりますね。

投資も同様に、1つの銘柄だけを買うのではなく、株式や債券などに分散投資すればリスクを軽減することができます。

様々な商品がパッケージ化された投資信託は、国内株式を組み合わせた商品、米国株で分散させた商品、株式や債券を組み合わせたバランス型の商品、全世界の株を組み合わせた商品などのタイプがあります。

インデックスファンドとアクティブファンド

インデックスファンドの投資信託は、**インデックス（指数）**と呼ばれる様々な指標と連動するように銘柄を決めて運用する投資信託です。

例えば、日本ではTOPIXや日経平均株価が、米国ではS&P500やNYダウ、NASDAQ100などがこのインデックスにあたります。

インデックスファンドの投資信託は手数料が安いのが特徴です。ベンチマークとなる指標に連動するので、情報収集、運用やポートフォリオの設定などのコストは少なくて済みます。

一方、**アクティブファンド**と呼ばれる投資信託は、ファンドマネージャーと呼ばれるプロが投資信託の運用方針を決めて、運用商品をセレクトし運用してくれるため、専門的な判断はファンドマネージャーに任せることができます。

そのため、アクティブファンドの手数料はインデックスファンドよりも高く設定されています。

■投資信託はどうやって選んだらいい？

先に卵のカゴの話を題材にリスク分散について説明しましたが、投資信託を選ぶ際には、まず、購入する地域を決め、さらに業種や選別カテゴリーなどで選ぶのがいいでしょう。

その時々で、日本株がよかったり米国株がよかったりします。日本株に投資する投資信託では**日経平均インデックス、国内の高配当株インデックス、トヨタグループをパッケージした投資信託**などもあります。

米国企業を対象にする**S&P500、NASDAQに連動するインデックスファンド**、さらに**全世界の株式に連動する投資信託**もあります。

自身で色々な種類の投資信託を買うことで、リスクを分散させることができます。

バランス型でリスクを減らそう

投資信託は国内株式、海外株式や国内債券など、1つのジャンルの銘柄を集めた商品が主流です。

リスク分散のために活用したいのが、1つの投資信託の中に、国内株式、国内債券、海外債券などの色々なジャンルの金融商品が入っている**バランス型投資信託**です。

バランス型投資信託を1つ選んでおけば、様々な金融商品に投資することができ、リスクを分散できますが、リターンは他の投資信託と比較すると低くなる傾向にあります。

2-03 投資信託の手数料と利益確定のタイミング

投資信託の手数料にはどんなものがありますか？

販売手数料、信託報酬、信託財産留保額の3つがあります。このうち、必ず発生するのが信託報酬です

■投資信託の手数料は3つ

販売手数料は、投資信託を販売する金融機関が受け取る手数料です。販売手数料がゼロの投資信託をノーロードと呼び、最近ではインターネット証券をはじめノーロード投信を取り扱うケースも多くなっています。

この販売手数料は同じ投資信託でも金融機関によって異なるため、コストを抑えたい方は**販売手数料ゼロのノーロード投信を多く取り扱う金融機関**を選択するとよいでしょう。

信託報酬は販売する金融機関、運用を行う投資信託委託会社、運用財産を管理する信託銀行に支払われるものです。信託報酬はどの金融機関で購入しても同じ投資信託であれば同じだけかかります。そのため、同種の投資信託の中で信託報酬を比較し、実際の運用状況も勘案しながら信託報酬の低いものを選択していくとよいでしょう。

信託財産留保額は投資信託の運用の安定性や長期で運用する方に大きな影響を与えないように**解約する際に投資家が支払う費用**です。

投資信託ごとに決まっていますが、**信託財産留保額が差し引かれない投資信託もあります**。

この3つの手数料のうち、どこで購入しても必ずかかるのが信託報酬です。信託報酬は投資信託の価格である基準価額から日々差し引かれます。

同じ投資信託なら販売手数料がゼロのケースから探し、信託報酬が低く抑えられているもの、運用パフォーマンスがよいもの、今後が期待できそうな投資信託を選んでいきましょう。

投資信託の利益確定はどうすれば
よいですか？

目標金額や目標リターンを決め、到達したら
売却するといった方法がよいでしょう

■投資信託の利益確定はどうすればよい？

投資信託を購入した後に考えなければならないのが、利益確定をどうするか？　最も望ましいのは、**ご自身で決めた目標金額または目標リターンに到達したら利益確定を行うこと**です。

投資信託は中長期投資で活用されるケースが多いですが、使い方次第では短期売買もあり得ます。例えば、**短期であれば3%以上利益が生じたら売却する**といった目標があってもよいでしょう。

中長期投資では、**決めた目標金額に到達したら売却、また景気の状況から今後悪化しそうといった場合**には、目標金額にかかわらずいったん売却するといった考え方もあってもいいでしょう。

そして、大きく下がった後に買い戻す。こうした売買は経験がものをいいますので、最初は計画通りの売買を行っていくほうがよいでしょう。

注意点として、投資信託の売買には時間差が生じる点を挙げておきます。日本に投資する投資信託の場合、その日に売却できる場合と翌日（土日等除く）になる場合があります。これは売却を決めた時間により変わります。

海外に投資する投資信託の場合、売却を決めた日の翌日（土日等除く）に売却ができることになります。そのため、海外投資や国内投資の売却のタイミングによっては、売却に時間差が生じるため想定した利益で売却ができないこともあるので注意が必要です。

こうした注意点も理解しつつ、着実に利益確定を狙っていきましょう。

2-04 ETFってどんな商品？何を買ったらいい？

新NISA制度ではETFにも投資可能ですか？

はい、投資可能です。成長投資枠、つみたて投資枠いずれでも投資可能ですが、主に成長投資枠での投資となります

■ETFは株と同じように証券会社で購入できる

ETFとは、日本では東京証券取引所、米国ではニューヨーク証券取引所（NYSE）、ナスダック（NASDAQ）などの**金融商品の取引所に上場する投資信託**です。

ETFは証券取引所に上場しているので、上場している企業の株式と同様に、証券会社のWebサイトやアプリなどで株価を指定して売買する指値注文や、値段を指定しない成行注文、資金を借りて投資する信用取引などによって購入することができます。

株と同様に**リアルタイムで市場で売買でき、信託報酬も低コスト**なものが多く、投資信託と比べて使い勝手がいいのが特徴です。

ETFにはどんな種類がある？

具体的には、日経225や東証株価指数TOPIXに連動する運用成果を目指すインデックス型、米国のS&P500に連動するインデックス型、世界各国の株価に連動するインデックス型などがあります。

また、株式だけではなく、金銀プラチナ、不動産（REIT）、債券に連動するETF、また、業種やテーマごとのETFなどもあります。

■つみたて投資枠でも購入できるETF

新NISA制度でも旧一般NISAと同様にETFを購入することができます。成長投資枠では上場株式の他、ETFや投資信託などで運用ができます。

一方、**つみたて投資枠でも国内・海外の一部のETFは投資対象**となる模様です。49ページで説明した金融庁の選定基準に合致している必要があります。

2023年までの旧NISA制度では、つみたてNISAで投資できるETFは8本となっており、本数は少ないものの、こうしたETFが新NISA制度のつみたて投資枠でも投資できます。

日経225やTOPIXに連動する成果を目指すETFのほか、海外先進国株式や海外新興国株式に投資できるETFも投資対象となっています。

なお、証券会社によっては、今後もつみたて部分はETFを取り扱わない可能性がありますので注意してください。

また、2023年6月30日から、東京証券取引所において、株価指数など特定の指標に連動しないアクティブETFの上場申請受け付けが始まりました。これにより、株価指数よりもさらにハイリターンを目指すアクティブETFが登場する見込みです。

〈2023年までのつみたてNISAで投資可能なETF一覧〉（参考）

ETF銘柄	銘柄コード	運用会社
iFreeETF　TOPIX（年1回決算型）	1305	大和アセットマネジメント
iFreeETF 日経225（年1回決算型）	1320	大和アセットマネジメント
iFreeETF JPX 日経400	1599	大和アセットマネジメント
上場インデックスファンド米国株式（S&P500）	1547	日興アセットマネジメント
上場インデックスファンド世界株式（MSCI　ACWI）除く日本	1554	日興アセットマネジメント
上場インデックスファンド海外先進国株式（MSCI-KOKUSAI）	1680	日興アセットマネジメント
上場インデックスファンド海外新興国株式（MSCIエマージング）	1681	日興アセットマネジメント
iシェアーズ・コア S&P500　ETF	IVV	ブラックロック

※これに準じたETFがつみたて投資枠でも投資可能になるとみられる。

2-05 REITってどんな商品？

新NISA制度ではREITにも投資可能ですか？

はい、投資可能です。ただし、成長投資枠での投資となります。つみたて投資枠では、REITのみに投資することはできません

■REITについて知っておこう！

REIT(Real Estate Investment Trust) は、**不動産投資信託**とも呼ばれ、投資家から集めた資金をもとに不動産に投資を行い、そこから得られる賃料収入や不動産の売買益をもとに投資家に配当する金融商品です。

マンション一棟や商業施設を個人で投資することはなかなかハードルが高いものの、REITを活用することで間接的に不動産のオーナーとなれるほか、不動産のプロによる運用が期待できその成果を享受できる点がメリットといえます。

日本では、JapanのJを頭文字につけて**J-REIT**と呼ばれます。J-REITは上場しており、上場株式と同様の取引を行うことができます。

■REITで購入できる商品

新NISAでREITに投資するには、**成長投資枠でのみ購入が可能**です。

成長投資枠ではJ-REITは投資対象となっており、具体的にはイオンリート投資法人やジャパン・ホテル・リート投資法人など様々な**不動産に投資する投資法人に投資**できます。

また、MAXIS Jリート上場投信などの**ETFを通じてREITに投資する**こ

とも可能となっています。

この他、**REITを取り扱う非上場の投資信託**もあり、成長投資枠で投資可能となっています。

つみたて投資枠では、2023年までのつみたてNISAと同様に、**REITに投資することはできません**。

ただし、複数の資産に投資する**バランスファンド**には投資でき、その中にREITが組み込まれているものがあります。

そのため、REITを活用したい場合は成長投資枠で検討し、つみたて投資枠部分は基本的には株式など他の資産を活用することを優先すべきでしょう。

〈NISA成長投資枠の対象となるJ-REIT一覧〉
（2023年6月21日時点。一般社団法人投資信託協会HPより）

CREロジスティクスファンド投資法人	ジャパンリアルエステイト投資法人
GLP投資法人	積水ハウス・リート投資法人
イオンリート投資法人	大和ハウスリート投資法人
アドバンス・レジデンス投資法人	タカラレーベン不動産投資法人
アドバンス・ロジスティクス投資法人	アクティビア・プロパティーズ投資法人
産業ファンド投資法人	コンフォリア・レジデンシャル投資法人
日本都市ファンド投資法人	東京インフラ・エネルギー投資法人
エスコンジャパンリート投資法人	トーセイ・リート投資法人
ザイマックス・リート投資法人	野村不動産マスターファンド投資法人
サンケイリアルエステート投資法人	阪急阪神リート投資法人
星野リゾート・リート投資法人	ヒューリックリート投資法人
グローバル・ワン不動産投資法人	日本プロロジスリート投資法人
ケネディクス・オフィス投資法人	平和不動産リート投資法人
ケネディクス・レジデンシャル・ネクスト投資法人	ヘルスケア&メディカル投資法人
ケネディクス商業リート投資法人	Oneリート投資法人
インヴィンシブル投資法人	投資法人みらい
ジャパン・ホテル・リート投資法人	日本ロジスティクスファンド投資法人
ユナイテッド・アーバン投資法人	三菱地所物流リート投資法人
	森トラストリート投資法人

※今後さらに銘柄数が拡大する可能性があります。

2-06 リスクとリターンの関係

新NISA制度を使って投資をしたいものの、各金融商品をどのように使い分ければよいのでしょうか？

各金融商品の特性を理解し、**分散投資**を心がけましょう。ただ、なんでも分散すればよいわけではない点に注意が必要です

■リスクとリターンって？

投資の世界では、リスク、リターンという言葉が頻繁に使われます。

リスクとは、一般に「危険」といった意味で使用されますが、投資の世界でのリスクは、**値幅の動きのぶれ幅、不確実性**を指しています。マイナス方向だけでなく、プラス方向の動きもリスクとなります。

リスクには、価格や利率の変動リスク、支払いが行われない信用リスク、国際情勢上のカントリーリスクなどがあります。

一方、リターンとは、**投資運用によって得られる利益**です。

一般的にリスクが大きいほどリターンも大きく、(**ハイリスク・ハイリターン**)、リスクが小さいほどリターンも小さい（**ローリスク・ローリターン**）とされています。

■商品ごとにリスク・リターンはどうなっている？

各金融商品には、それぞれ特性があります。

一般的に、高い収益が見込める**株式**は、価格変動も大きく、損失が膨らむ可能性もあり、ハイリスク・ハイリターンの部類になります。

一方、**預貯金**のようにほとんど増えないものの、銀行が倒産しない限り減ることはない金融商品もあります（ローリスク・ローリターン）。

また、**債券**は預貯金に比べ利子を多く受け取れ、リターンも株式に比べ安定しています。

REITのようにミドルリスクミドルリターンと呼ばれるものもあります。

個別の不動産の場合、地価が上昇すれば大きなリターンが見込めるものの、簡単には売買するのが難しいといったケースもあります。

このように金融商品は、**流動性**（すぐに現金化できるかどうか）・**収益性**（リターンがどれぐらいか）・**安全性**（元本が減らないかどうか）の3つの観点からそれぞれ特徴があり、いずれも完璧な金融商品はありません。

異なる特徴を持つ商品に分散して投資しよう

複数の金融商品に分けて投資を行い、それぞれのメリットを活かしながらデメリットを補完し、自身の資産を守りながらも増やす戦略が必要となります。

注意点は、**同じような動きをする金融商品ばかりに投資しないこと**です。

投資の基本は、異なる特徴を持つ金融商品を組み合わせて、できるだけリスクを軽減させることにあります。

例えば、株式・債券・金・REITに分散させるとか、新NISA制度の枠内では株式中心ではあるものの、その他の投資口座では債券中心にするなどの工夫も必要です。

〈一般的なリスクとリターンの関係〉

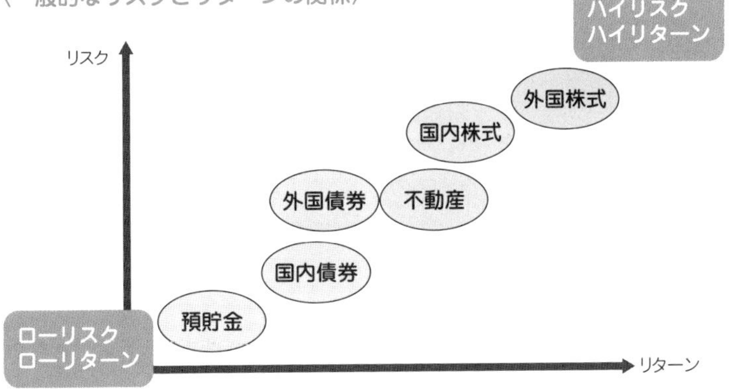

2-07 時間や地域を分散して投資する

各金融商品に投資する場合に、資産分散を心がければ大丈夫でしょうか？

資産分散以外に、各金融商品を購入するタイミングを分ける時間分散、地域を分ける地域分散なども心がけた方がよいでしょう

■資産だけでなく、時間や地域も分散させよう

様々な資産に分けることでリスクをヘッジすることは理解できるものの、すべての資産を一度にまとめて買っても良いでしょうか？

投資初心者の方ほどおすすめしたいのが、株や債券といった資産の種類を分散させるだけではなく、**様々な分散方法を活用**することです。

時間を分散させる

一度にまとめて買うのではなく、毎月、隔月など時間を分散させて一定額を購入する方法を活用します。これは**ドルコスト平均法**と呼ばれています。

時間分散のメリットは、**平均購入単価をならす**ことができる点です。

一定額を購入するので、価格が高い時は少量に、安い時は多く購入でき、その結果、平均購入単価をならすことができます。

いつが安いか判断できれば、そのときに一度にまとめて購入できますが、その判断は難しいものです。継続してコツコツ買っていき、最後に株価が上がっていればリターンを得ることができます。

地域を分散させる

時間以外の分散方法としてもう1つ、地域分散も行いましょう。

例えば、日本株式だけではなく、米国株式や東南アジア、新興国等の株式投資信託といった具合に地域を複数に分けて投資を行います。

世界全体は経済成長を着実に遂げているため、世界全体へ投資する投資信託やETFを活用する方法も検討できます。

こうした様々な分散を心がけ、何かあった場合の備えを行います。

危機に強い金も投資対象に入れてみてもよいかもしれません。金やプラチナに連動したETFがあり、成長投資枠で購入することができます。

また、海外への投資の場合には**為替にも注目**しましょう。

ドルに対して円安傾向にあれば株価など海外資産価格だけではなく、ドル資産が増えます。為替変動リスクを極力減らしたい場合は、**為替ヘッジあり**と記載のある投資信託などを選択するとよいでしょう。

資産分散の他、時間分散、地域分散も心がけよう

時間分散の例：ドルコスト平均法
〈定額購入…毎月1万円ずつ購入した場合〉

	1月	2月	3月	4月	合計
基準価額	10,000	11,000	12,000	13,000	—
購入金額	10,000	10,000	10,000	10,000	40,000
購入口数	10,000	9,090	8,333	7,692	35,116

4月時点の評価額＝(13,000円×35,116口)÷10,000＝45,651円
リターン(%)＝{(45,651－40,000)÷40,000}×100＝14.12%

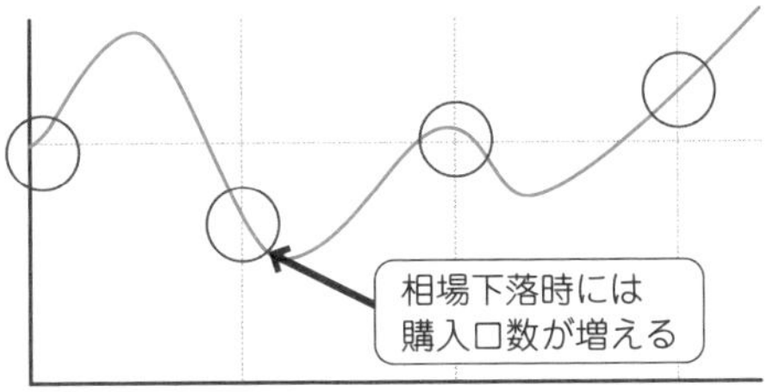

- ☑ 相場下落時には何回かに分けて購入するとリスク軽減につながる
- ☑ 長期的に見て、成長性が見込める場合や割安だと思われる場合に有効
- ☑ 長期的に見て下落傾向にある場合には活用しない方がよい

2-08 積立投資の威力とは？

積立投資の実際の結果はどうなのでしょうか？

積立投資は、中長期の時間を味方につけ、定期定額投資を行うものです。最終的に株価が上昇していれば、利益を得ることができます。バブル崩壊後から積立投資を行った場合でも利益が出ているのです

■毎月、一定額を投資する積立投資とは？

積立投資とは、毎月や毎年などコツコツ**定期的に株式や投資信託などを購入していくスタイル**です。

株式や投資信託は日々値段が変動するため、同じ金額を買ったとすると、安いときには多く、高いときには少なく買うことになります。

この変動をむしろ味方につけ、ドルコスト平均法により**平均単価をならしながら運用していくスタイルが積立投資**です。

■積立投資をシミュレーションしてみた

実際に積立投資の威力を確認してみましょう。

仮に、1989年のバブル崩壊時から日経平均株価に毎月1万円ずつ投資を行い、2023年6月までおよそ34年程度投資したとするとどうなったのかを検証してみます。

1989年12月の最も日経平均株価が高かった終値38,915円から毎月終値に1万円ずつの購入から始まります。日に日に株価が下がっていきます。

日経平均株価はその後大きく下落し、2009年3月10日には7,054円98

銭とバブル後最安値を付けました。

こんな状況下では、先の期待をもてず泣く泣く損切りして投資をやめてしまった方もいるはずです。果たしてそれが正解だったのでしょうか？

株価が最終的に上がれば積立投資の効果が出る

実際はその後もあきらめずに買い続けた人は、明るい未来が待っていました。

1989年12月から2023年6月まで継続してコツコツ購入した方は、合計で403万円投資をしたことになります。

途中リーマンショックやコロナショックなどの暴落を経ながらも、インバウンド需要、円安、企業業績好調などの理由から、日経平均株価は上昇し2023年6月末時点で**およそ877万円に資産の評価額は増えました**。

割安な時にも着実に購入していく姿勢が後々大きな効果として現れたのです。

難度かの暴落や停滞を経ながらも、最終的に株価が上がるならば、積立投資は威力を発揮します。

世界全体は3%程度で経済成長を続けていますから、今後も積立投資でその果実を受け取ることは可能といえるのではないでしょうか。

実際に日経平均株価に毎月１万円ずつ投資した場合

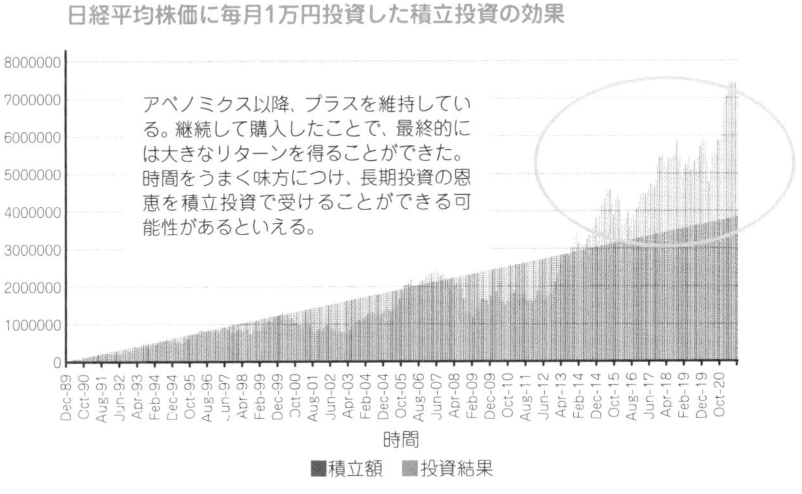

2-09 新NISA口座における金融機関の選び方

新NISA口座がお得なのはわかりました！　始めようと思うのですが、どの証券会社でできるのですか？

証券会社で開設する場合には、対面かインターネット証券かどちらで行いたいかをまず決める必要があります

■ 手数料が格安なインターネット証券の選択がマスト

新NISA口座を開設するにあたって、**上場株式やETF、J-REITに投資したい方**は銀行や郵便局でなく**証券会社を選択すべき**です。

投資信託であれば銀行や信用金庫、郵便局などでも購入できますが、上場株式、ETF、J-REITに関しては証券会社経由でないと売買ができません。

また、NISA口座は1人1金融機関と決まっており、同じ年に複数の金融機関で開設はできません。

証券会社には、営業マンによるアドバイスなどが受けられる**対面型の証券会社**と、インターネットのみで売買が完結できる**インターネット証券会社**があります。

インターネット証券会社はリアル店舗がないケースが多いので、基本的に担当者がつきません。人件費や店舗費用がかからないため、インターネット証券の**売買手数料はかなり低く**抑えられています。最近では株式、ETFなどの購入手数料が0の証券会社も出てきました。

対面型の証券会社は様々な商品や情報を紹介してくれる

対面型の証券会社は、人件費がかさむのでコスト面ではインターネット証券にはかないません。

一方、様々なアドバイスが聞けること、各企業の情報や新規公開株（IPO）の情報などを営業マンから得ることができるといったメリットがあります。

ただし、担当者が必ずしも顧客フレンドリーな提案をするとは限りません。ノルマのため自分が売りたい商品や間違った商品を提案することもあるので注意が必要です。

新NISA口座における金融機関の選び方証券会社

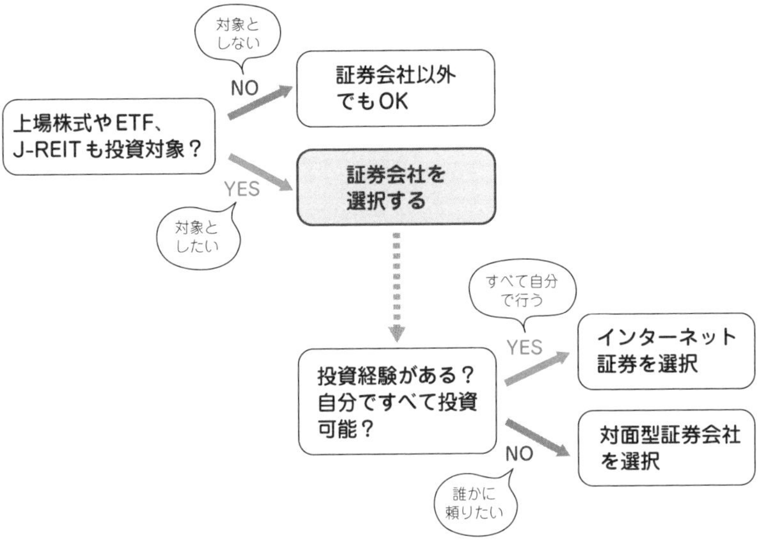

新NISA口座を銀行で開設する場合、どのような視点から選択すればよいでしょうか？

銀行で開設する場合には、インターネットか対面か、どのような投資信託の種類があるかを見定め決める必要があります

■投資信託だけで運用する方は銀行の選択もあり

銀行を通じて新NISA口座を開設するには、どのような選び方を検討すべきでしょうか？

まず、銀行では株式やETFといった証券取引所を介した売買取引ができません。そのため、**銀行で開設する新NISA口座では投資信託が主体**となります。

ただし、普段利用している大手都市銀行などでは、必ずしも投資したい投資信託の取り扱いがあるとは限りません。

例えば、インドに投資したい場合、インドに投資する投資信託を新NISA口座で取り扱っているかどうか？　という目線も必要といえます。

複数に分散投資したい場合には、希望する複数の投資信託の種類があるかどうかも確認しましょう。

銀行はネット証券に比べて購入時手数料が高い

投資信託の手数料には、購入時に一定額がかかる**購入時手数料**と、購入してから保有中にかかる**信託報酬**があります。

信託報酬は銀行もどのタイプの証券会社も同じです。これは投資信託の目論見書や運用報告書に記載されています。

購入時の手数料は金融機関ごとに決められる項目で、**ノーロードと呼ばれる購入時手数料ゼロ**の証券会社もあります。

一方、銀行の場合は購入時手数料がかかるところが多いようです。

■その他の一部金融機関でもNISAの取り扱いあり

証券会社、銀行以外にも、新NISA制度の口座を開設できる金融機関には、生命保険会社、信託銀行、信用金庫、信用組合、農協、労働金庫、投信会社などがあります。ただし、NISAの取り扱いを行っていない場合もあります。

2023年まで開設できるつみたてNISAを取り扱っている金融機関を確認してみると、保険会社に関しては、第一生命保険のみです。

投信会社（投資信託委託会社）に関しても、コモンズ投信、セゾン投信、三井住友DSアセットマネジメント、三菱UFJ国際投信、レオス・キャピタルワークス、鎌倉投信のみとなっています。

2-10 実際の口座開設の仕方

実際にNISAの口座開設を行う場合、どうすればよいのでしょうか？

金融機関の窓口で開設する場合には、担当者の説明を聞き口座開設を行います。インターネットからの場合は、各金融機関のHPから口座開設を行います

■通常の取引口座とNISA口座を同時に申し込もう

NISA口座を実際にWebサイトやアプリ、またはリアル店舗の窓口で開設したい場合、どうすればよいでしょうか？

既に証券会社の取引口座がある場合は、Webサイトからログインして NISA口座を別途に申し込むか、書類を取り寄せて申し込む必要があります。

新規に証券口座をNISA口座も併せて開設したい場合は、通常の取引口座（総合取引口座）に加えてNISA口座も作成しなければなりません。

金融機関の**窓口で口座開設を申し込む場合**は、金融機関の担当者が口座開設用紙などを用意してくれるので、必要事項を記載していきます。

Webサイトやアプリから申し込む場合には、通常の取引口座とNISA口座を両方申し込むようにしてください。

そして、各口座の申込用紙が郵送で届き次第、必要事項を記入し、本人確認書類やマイナンバーカードなどの必要書類を添付して郵送します。

Webサイトやアプリではインターネットで必要書類の画像をアップロードして完結させる方法もあります。

NISA口座の開設に際しては、1人1金融機関でしかNISA口座は開設できないため、他の金融機関で作成していないかどうかの**税務署の審査**があります。

本人確認書類や申込書を提出後、各金融機関の審査が完了すれば、口座開設成功です。

インターネットの場合には、ログイン用IDなどが送付されます。あとはWebサイトやアプリからログイン後、銀行から口座に入金を行ったら、いよいよ売買開始となります。

口座開設時には、各金融機関キャンペーンではポイントやキャッシュバックなどがありお得です。

NISA口座をすぐにでも活用したい方は、できるだけ早くNISA口座を開設するようにしましょう。

実際の口座開設の仕方（楽天証券の場合）

楽天証券の場合には、下記のような流れで証券総合口座を開設します。
総合口座とNISA口座の同時開設も行えますので、手間を省きたい方は、両方同時の開設をおすすめします。なお、NISA口座をどの金融機関で申し込もうか迷っている場合には、複数の金融機関で通常の投資口座を先に開設しておくのもよいでしょう。ただし、NISA口座の開設には税務署の審査に時間がかかる恐れがありますので、その点に注意しながら開設を進めてください。

1 口座開設の申込み

楽天証券のホームページ内の「口座開設」ボタンよりお申込みください。

2 本人確認書類の選択・提出

提出する本人確認書類を選択し、アップロードを行ってください。スマートフォン＋運転免許証または個人番号カードをお持ちの方は「スマホで本人確認」それ以外の方は「アップロードで本人確認」を行います。

3 本人情報の入力

氏名・住所などの本人情報を入力してください。
「スマホで本人確認」をされた場合、ログインパスワードの登録があります。登録したパスワードは忘れないように保管してください。

4 ログインIDの受け取り（メール）

楽天証券での審査完了後、ログイン用の ID が送付されます。

5 初期設定（マイナンバーの提出）

マイナンバー登録画面で、登録が完了すると取引が可能になります。

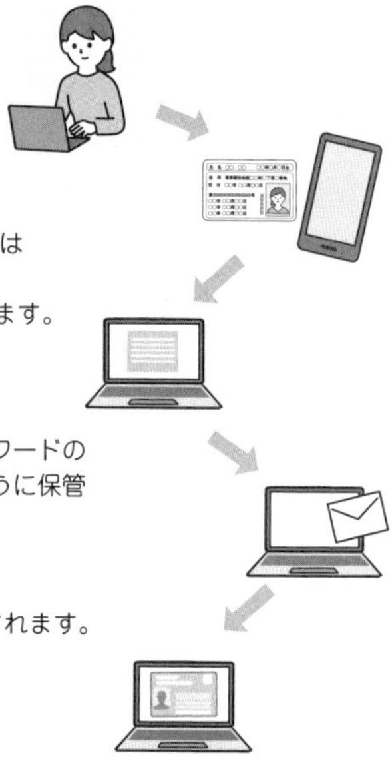

2-11 新NISA口座を他の金融機関に変更したい場合はどうすればよい？

新NISA口座を他の金融機関に変更して運用したいです。どうすればよいでしょうか？

金融機関の変更は、年単位で可能です。年の途中からの変更はできません。また、新NISA制度からそれまで利用していた金融機関ではなく別の金融機関に変更し、運用していくことも可能です

■金融機関の変更は年単位で可能です

NISA制度では、一度決めた金融機関の口座で継続して利用していく必要はありません。**年単位で他の金融機関へ変更して利用することができます**。年の途中からの変更はできません。

金融機関の変更を行いたい場合には、変更したい年分の前年の10月1日から変更したい年分の属する年の9月30日までに、次ページ図の手続きにより金融機関を変更することが可能です。

なお、変更したい年に変更前の金融機関のNISA口座で購入があった場合には、その年分については金融機関を変更することはできません。

変更前の金融機関には、「**金融商品取引業者等変更届出書**」を提出し、金融機関は税務署へ変更に必要な事項を提供します。

そして、金融機関から「**勘定廃止通知書**」を受け取ります。この手続きは金融機関によって異なりますが、おおよそ1週間程度かかります。

新しい金融機関には、新たにNISA口座を開設するため、「非課税口座開設届出書」及び「勘定廃止通知書」を提出します。

これにより、NISA口座が二重に開設されないよう税務署を通じて確認することになっています。

この税務署への確認手続きには1週間から2週間かかります。

変更後の金融機関では、この税務署への確認手続きに加え、NISA口座開設の申込受付の事務処理や「勘定廃止通知書」に基づく口座開設などの事務処理も必要となります。

そのため、年の初めから変更した金融機関で取引を行いたい場合には、前年の**10月から12月初旬ぐらいまでに変更手続きを済ませておきましょう**。

新NISA制度において、途中で金融機関を変更したい場合

(1) 変更前の金融機関に「金融商品取引業者等変更届出書」を提出し、「勘定廃止通知書」の交付を受ける。
(2) 変更しようとする金融機関に対して、上記（1）の「勘定廃止通知書」及び「非課税口座開設届出書」を提出する。

（出所）日本証券業協会「2024年以降のNISAに関するQ&A」

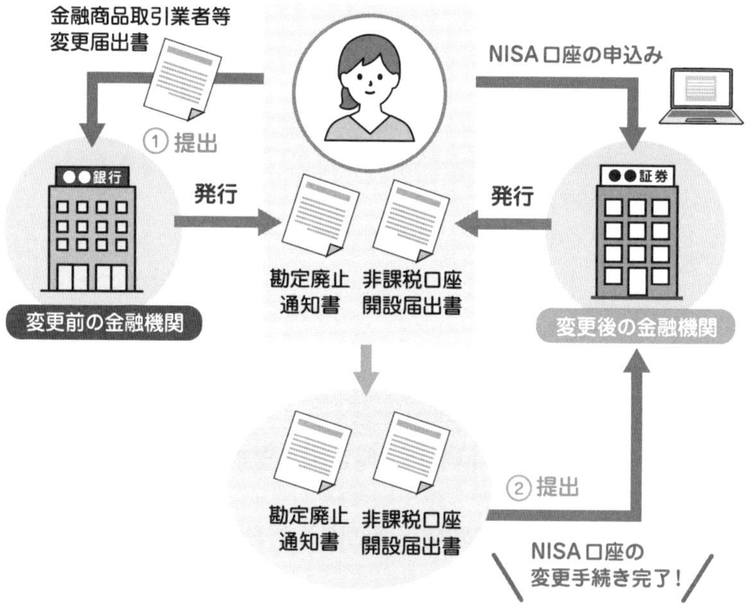

3日目

新NISAを使った売買の仕方

新NISA制度では、利益が非課税になることはもちろん、売却した分の投資枠を翌年、再利用することが可能です。
制度を最大限使うには、投資信託や株式をいつ買って、いつ売るかをしっかり見極めることが重要になります。
3日目では、買い時を見極める指標や売り方のコツなどを見ていきましょう。

3-01 日経平均株価のPERで市場全体の推移を予測しよう

投資初心者のため、日経平均に連動する投資信託を購入しようと考えています。いつ買ったらよいなど目安はありますか？

その時々の経済状況によって異なるものの、PERを基準に投資する方法があります。PERを基準に売買を検討されてはいかがでしょうか

■日経平均株価は日本を代表するインデックス

日本を代表する株価指数の1つに、**日経平均株価**があります。

日経平均株価は、日本経済新聞社が東京証券取引所プライム市場から算出・公表している**225銘柄の平均株価**です。

海外ではNikkei225と表記されます。採用される225社は毎年定期的に見直しがされ入れ替えがあります。

配当の権利落ちでの株価の下落を考慮し、株価修正を行いながら連続性を保つようにしています。

■日経平均PERを求めて景気を予測しよう

株価が割安か割高かを判断する代表的指標である**PER**《ピーイーアール》（**株価収益率**：Price Earnings Ratio）は、**株価を1株当たり当期純利益（EPS）で割る**ことで求められます。

PER ＝ 株価 ÷ 1株当たり当期純利益（EPS）

通常、PERの指標は個別の銘柄が割高か割安かを判断する指標として使われます。ここでは、日経平均に連動する投資信託やETFが多いので、日

経平均PERからこれらの商品の売買基準を考えてみましょう。

一般に日経平均株価のPERは**14〜16倍程度の水準で動く傾向**があります。

分子の1株当たりの利益が大きくなれば低PER、小さくなれば高PERです。また、株価が上がれば高PER、株価が下がれば低PERになります。

PERの求め方から日経平均PERを援用し、日経平均株価は次の式で求められます。なお、1株当たり当期利益は、当期利益を自己株式を除く普通株式数で割って計算します。

日経平均株価 ＝ 日経平均PER × 1株当たり当期純利益

つまり、日経平均PER14〜16倍の値に1株当たり純利益をかけることで日経平均株価がおおよそどの程度で推移するか予測ができるのです。

さらに、予想される日経平均PERをもとに、**単純に16に近づいたら売り、14に近づいたら買い**とシンプルに考えることもできます。

日本経済新聞社では、日経平均株価の予想PERなども公表していますので、それをもとに売買基準を定めていくといつ買ったらよいか、いつ売ったらよいか一つの目安を捉えることができるといえるかもしれません。

$$\text{日経平均PER} = \frac{\text{日経平均株価}}{\text{1株当たり当期純利益}}$$

↓

日経平均株価 ＝ 日経平均PER × 1株当たり当期純利益

したがって、1株当たり当期純利益が2,200円だとすると、

日経平均株価（高値予想）＝2,200円×16倍＝35,200円

日経平均株価（通常時予想）＝2,200円×15倍＝33,000円

日経平均株価（安値予想）＝2,200円×14倍＝30,800円

できれば通常時予想よりも低い株価で購入したい。安値に近づいたところで買えるのがベスト。

と予想できる。

※PER14〜16倍は2023年に入ってからの傾向をもとにした推測になります。
その時々の経済情勢等により予測範囲は変化します。

3-02 割安な会社の見つけ方（PER、PBR）

新NISA制度を利用して株式に投資したいと考えています。割安な企業を見つける方法を教えてください

日経平均株価同様、PERを基準に投資する方法があります。また、PBRが1倍を割れている、同業他社と比較して低いなど複数の指標から選別していくとよいでしょう

■個別株は業種や規模ごとでPERを判断しよう

成長投資枠で個別の株式に投資したい場合、**割安な企業を発掘できれば大きなリターンを得る**ことができます。

割安な企業かどうかを判定する投資指標として、最も有名なものにはPERとPBRがあります。

PERを基準として割安な企業を探したい場合、業種ごとのPERがどの程度なのかを知っておきましょう。

日本取引所グループのWebサイトでは、各月末ごとの**規模別・業種別のPERを公開**しています（次ページ図参照）。

業種ごとの平均PERを確認することで、**調べたい企業のPERが業種平均よりも高ければ割高、低ければ割安と判断**できます。

次に、調べたい企業のPERに関して、過去のPERと比較して割安かどうかも確認しておきましょう（詳細は75ページ）。

■会社の解散価値から判断できるPBR《ピーピーアール》（株価純資産倍率）

PBRは株価純資産倍率と呼ばれ、株価が企業の資産価値（解散価値）に対して割高か割安かを判断する目安として利用されます。

PBR（倍）＝ 株価 / 1株あたり純資産（BPS）

PBRが1倍を割れている場合、株価が1株当たり純資産より小さく、会社が解散したときに受け取れる資産よりも株価の方が低いため、**割安な基準として判断**されます。逆にPBRが1倍以上だと株価が1株当たり純資産より大きい状況のため、割安度は薄れます。

なお、1つの投資指標だけで判断せず、**複数の投資指標をもとに割安な銘柄を探していく**方がお宝銘柄を探し当てる確率は高まります。

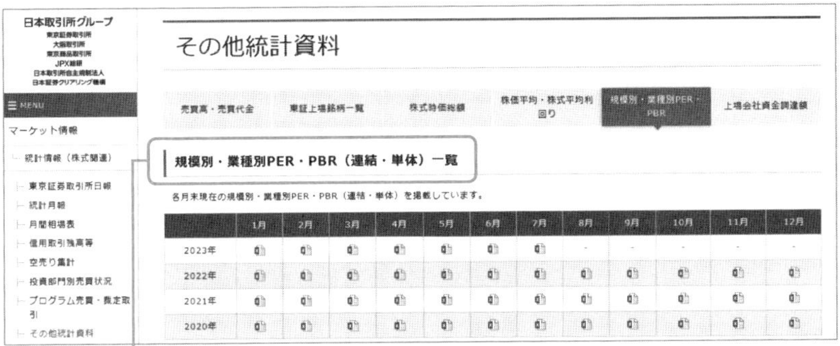

日本取引所グループのホームページに、規模別・業種別PER、PBRが掲載されています。
最新の平均的なPERとPBRを基準に、割安な銘柄を探してみましょう。

（出所）その他統計資料 ¦ 日本取引所グループ（jpx.co.jp）

■ROE《アールオーイー》が高い、配当が継続して増加しているか？

割安な企業を見つける方法として、PER、PBRの他に**ROE**や**配当利回り**を確認する方法があります。

ROE（自己資本比率）が高いかどうか

ROE(Return On Equity) とは**自己資本利益率**といい、会社が資本を効率的に回転させ利益を上げているかを測る指標で次の式で求められます。

ROE（%）＝ 当期純利益 ÷ 自己資本 × 100

ROEは高い方が効率的な経営を行っていると判断できます。

ただし、他人資本（負債）が多い場合にもROEが高くなることもあるため、負債がどの程度あるかも確認しながら、同業他社と比較していくのが望ましいです。

一般に、**ROEは10%以上**あることが望ましく、海外の企業を中心に**20～30%**あるケースも見受けられます。

配当利回りで比較する

配当利回りは、次の式で求められます。

配当利回り（%）＝１株当たりの配当金 ÷ 株価 × 100

企業の過去の配当利回りと比較したり、同業他社と比較して高いかどうかを確認してみましょう。

また、**日経平均株価の配当利回りと比較**し、魅力的な配当かどうかを確認するのも１つの方法です。最新の日経平均株価の配当利回りは、日本経済新聞社のホームページから確認できます。

昨今、東京証券取引所がPBR1倍割れの企業に対して改善策を求めたこともあり、配当を引き上げることで株価対策を行う企業が増加しています。

そのため、配当利回りが5%以上となっている企業もあります。

配当が高ければ必ずしもよいとは断定できませんが、配当の高い会社から、その他の投資指標を確認し割安な企業を探してみましょう。

純資産倍率（連結決算ベース）

項目名	純資産倍率
日経平均	1.34倍
JPX日経400	1.45倍
日経300	1.34倍
日経500平均	1.35倍
プライム全銘柄	1.31倍
スタンダード全銘柄	0.97倍
グロース全銘柄	4.32倍

日経平均株価をもとに、PBRがどの程度が一般的なのかも確認できます。

（出所）
国内株式指標　:株式　:マーケット
:日経電子版 (nikkei.com)

項目名	前期基準	予想
日経平均	2.05%	1.98%
JPX日経400	1.96%	1.94%
日経300	2.07%	2.04%
プライム全銘柄	2.21%	2.22%
プライム全銘柄（加重）	2.23%	2.24%
スタンダード全銘柄	2.22%	2.20%
スタンダード全銘柄（加重）	2.08%	1.99%
グロース全銘柄	0.30%	0.39%

日本経済新聞社のホームページでは、日々の平均配当利回りなど、各種投資指標が公開されています。
日経平均株価の配当利回りを一つの基準として、これよりも高い配当利回りの企業をもとに割安銘柄を発掘していくことも検討してみましょう。

3-03 成長余力のある企業の見つけ方

新NISA制度を利用して株式に投資したいと考えています。成長余力のある企業の見つけ方を教えてください

市場が拡大しそうな業界を探すこと、売上が伸び勢いのある企業を探すことがポイントです。直感が当たることもあるでしょう

■業界地図などから確認してみよう

今後成長しそうな企業はどこか？

過去を振り返れば、イトーヨーカドー（セブン＆アイHD）やユニクロ、ソフトバンクなど大きく飛躍した企業はたくさんあります。

こうした企業の株式を上場時に購入し保有していれば、多額の資産に化けたことでしょう。

新NISA制度を活用すれば、非課税の恩恵を受けることもできるため、**長期的な成長企業の発掘**は大きな利益を蓄積できる源泉となります。

成長企業の探し方は直感で？

では、成長余力のある企業はどのように探せばよいでしょうか？

様々な探し方があるものの、投資初心者でも探しやすいのは意外にも身近な社会的事象やイノベーション等を読み取ったうえでの直感かもしれません。

日本の少子高齢化を逆手に取ったビジネスを行う企業、AIなどによる人口減少の補完を担う企業、世界へと目線を向け市場シェア拡大を続ける企業など、普段、ニュースで目にする企業動向に目を凝らしていれば、自ずとどんな会社がブレイクするかが判断できるかもしれません。

しかし、直感だけでは何の裏付けもなく、投資を長期的に成功させることはできません。

その場合には、四季報や証券会社のWebサイト・アプリなどで業界動向を確認しつつ、市場拡大が見込める業界かどうかを確認していくとよいでしょう。

連続増収増益を達成している企業をスクリーニング

また、個別の上場企業から探していく場合には、**毎年20～30%の増収増益を達成している企業**を確認してみましょう。

四季報や証券会社のWebサイト・アプリを活用すればこうした企業も簡単に探すことができます。Webサイトではスクリーニングという指標で企業をふるいにかける機能もあります。詳細は、次ページ以降の四季報活用術で解説します。

日本は少子高齢化で今後厳しいと思われがちですが、そんな中でも飛躍する企業はあり、国内外で活躍するベンチャー企業は出てくることでしょう。

●（参考）連続増収増益の企業一覧（2023年8月18日時点）

	企業名	銘柄コード	増収増益期間
1	パン・パシフィック・インターナショナルホールディングス	東証プライム市場・7532	32年
2	GMOペイメントゲートウェイ	東証プライム市場・3769	22年
3	イー・ギャランティ	東証プライム市場・8771	22年
4	エス・エム・エス	東証プライム市場・2175	20年
5	アークランドサービスホールディングス	東証プライム市場・3085	18年
6	ビジネス・ワンホールディングス	福岡証券取引所・4827	15年
7	グリーンクロス	福岡証券取引所・7533	14年
8	MonotaRo	東証プライム市場・3064	14年
9	オービック	東証プライム市場・4684	14年
10	ヤオコー	東証プライム市場・8279	14年

（出所）連続「増収増益」期間ランキング公開！【2023年版】1位は「パンパシHD」の31期！「増収＆増益」を継続する期間が長い「長期安定成長株」の50銘柄を一挙に公開！｜株式投資で儲ける方法＆注目銘柄を大公開！｜ザイ・オンライン（https://diamond.jp/zai/articles/-/249245）

3-04 会社四季報の活用術

株式投資を検討するにあたって、会社四季報を使うと優良企業が探せると聞きました。どのように活用すればよいでしょうか？

様々な探し方があるため、ここでは最もシンプルに割安企業を探す方法を伝授します。PER、PBR、配当利回りから探していきましょう

四季報には必要な投資指標が網羅されている

毎年3月、6月、9月、12月になると出版される**会社四季報**（東洋経済新聞社）の発売が待ち遠しいと感じる方も投資家には多いです。

会社四季報にはWebサイトもあり、無料で基本情報を閲覧でき、有料でスクリーニングや、本の四季報と同じ情報を得ることができます。

まず、シンプルに割安企業を探す方法を伝授します。四季報では1ページに2企業が掲載されています。1000番台から9000番台へ、銘柄コード順に掲載されています。

例えば、1000番台は建設、2000番台は食料品やサービスなど業種順に並んでいます。そのため、同業他社の比較も容易です。

最初に確認すべきはPERとPBR

ページ上部のチャートの隣に予想PER、実績PER(高値平均、安値平均)、PBRが掲載されています。**予想PERの値が実績PERの安値平均に近いと割安水準の目安**になります。

一方、予想PERが実績PERの高値平均に近い状態の場合、割高と判断し売却する目安になります。

ただし、業績が好調で投資家からの注目が高い場合には、予想PERが実績PERの高値平均を超えてくることもあります。

業界のPER水準も確認し割安かどうかも判断すべきでしょう（72ページ参照）。

次にPBRも確認しよう

PBRは1倍未満で割安、1倍以上で割高と一般的に判断できます。現在は、東京証券取引所の改革もあり、PBRが1倍未満の企業も減りつつあります。とはいえ、まだまだ割安に埋もれている企業もありますので、PBRが1倍割れや業界水準より低い企業を探してみましょう。

最後に配当利回りも確認しよう

配当利回りが3％以上など高い企業はもちろんですが、今後の配当が引き上げられる見込みとなっている企業も要注目です。

着実に配当が引きあがっている企業も探してみましょう。

四季報を使って割安株を探す方法はありますでしょうか？

他には、有利子負債、現金同等物、時価総額から探す方法がありますよ

■株価の時価総額よりもキャッシュが多ければ割安

割安な企業の探し方に、四季報に掲載されている**有利子負債、現金同等物、時価総額**を用いて、

時価総額 ＜ 現金同等物 − 有利子負債

が該当する企業を探す方法があります。

これは、株式から見た企業価値である**時価総額よりも実質的なキャッシュが多い企業を探すやり方**です。

時価総額よりも実質的なキャッシュが多いということは、その企業を買収

できればタダどころかむしろプラスで買えるという意味です。

もちろん、そのような価格で買収はできないですが、それぐらい割安であり、仮に企業が解散・清算すれば株式価値以上のお金が得られることを意味します。

ただし、注意点があります。該当する企業はすべてが割安とは限りません。例えば、赤字垂れ流しであったり、成長側面がなく期待されていないなどの要素が強い場合は、割安とは判断できませんので注意が必要です。黒字企業から探していくとよいでしょう。

その他の割安な銘柄を探す方法

この他にも、**ROEが20%以上の企業を探す、毎年業績が向上している企業にもかかわらず株価が思ったほど上がっていない企業から探す**といった方法も考えられます。

また、**株主にノルウェー政府**（実際は年金）、**光通信**がいたら要チェックといった方法も考えられます。

ノルウェー政府は年金資金であるため、中長期で伸びしろのある企業に投資してるのではないかと考えられます。光通信はどちらかというと割安企業に投資しているように感じられます。

四季報を活用して1つの視点からだけではなく、様々な投資指標等をもとに魅力ある企業を発掘してみましょう。

NISA制度を活用すれば、**大きなリターンも非課税で受け取れます**。

3-05 成長投資枠での高配当株投資

成長投資枠で増やすことを主体に考えた場合、
何に投資すべきでしょうか？

成長投資枠では、株式や株式投資信託などに投資ができます。「増やす」を軸に考えた場合、株式がよいでしょう

■高配当の個別株を買ってインカムゲインを得る

新NISAでは、成長投資枠が年240万円あり、最大で5年以上の時間をかけて1,200万円まで非課税保有限度額が利用できます。

年240万円まで利用できると考えると、ほとんどの個別株式の銘柄を購入することができます。

この場合に考えたいのが、**値上がり益（キャピタルゲイン）重視**か、**配当といった（インカムゲイン）を重視**するかという点です。

東京証券取引所のPBR改善要請の影響

東京証券取引所の改革や世界の投資家から視線を考慮すると、インカムゲインを重視した**高配当の個別株式に投資**するのがよいでしょう。

東京証券取引所では、世界的に見て低いPBR（株価純資産倍率）の改善を各上場企業に求めるよう働きかけを行っています。

特に継続的にPBRが1倍割れの企業には開示を強く要請していくと市場区分の見直しに関するフォローアップ会議で言及しています。PBRの詳細は75ページに譲るとして、ここでは考え方を説明します。

PBRを求める計算式は「**PBR＝株価 / 1株あたり純資産（BPS）**」です。

株価が上がればPBR値は大きくなり、企業にとっては株価を上げることが比較的容易なPBR改善の手段になります。

そのために、自社株買いや配当の引き上げ、中長期的な利益水準の引き上げを行って株価上昇を狙います。

こうした配当を引き上げる会社に投資すると、最終的には株価も上がり、非課税により配当（インカムゲイン）や値上がり益（キャピタルゲイン）も享受することができます。

配当を引き上げている企業や配当利回りの高い企業に成長投資枠を利用して、投資してみてはいかがでしょうか。

成長投資枠を利用して高配当銘柄に投資する

配当利回りは、例えばヤフーファイナンスなどを利用することで確認できます。なお、高配当だから必ずしもよいと判断しないこと。業績や今後のその会社の配当に対する方針などを四季報や様々な情報をもとに調べ、いい企業を探すことが大切です。

〈配当利回りの高い事例〉

配当利回り（会社予想）

1～50件 / 3046件中(更新日時：2023/06/26 18:40)　　〈 前のページ　次のページ 〉

順位	名称・コード・市場	取引値	決算年月	1株配当	配当利回り
1	世紀東急工業(株) 1898 東証PRM 掲示板	1,377 15:00	2024/03	90.00	**+6.54**%
2	東洋精糖(株) 2107 東証STD 掲示板	1,576 15:00	2024/03	100.00	**+6.35**%
3	アールビバン(株) 7523 東証STD 掲示板	947 15:00	2024/03	60.00	**+6.34**%
4	富士興産(株) 5009 東証STD 掲示板	1,516 15:00	2024/03	96.00	**+6.33**%
5	(株)タチエス 7239 東証PRM 掲示板	1,486 15:00	2024/03	92.80	**+6.24**%
6	(株)淺沼組 1852 東証PRM 掲示板	3,200 15:00	2024/03	197.50	**+6.17**%
7	川崎汽船(株) 9107 東証PRM 掲示板	3,358 15:00	2024/03	200.00	**+5.96**%
8	(株)レーサム 8890 東証STD 掲示板	2,943 15:00	2024/03	175.00	**+5.95**%

（出所）
Yahoo!ファイナンス　https://finance.yahoo.co.jp/stocks/ranking/dividendYield

3-06 買った銘柄はいつ売るべきか？

投資した結果、含み益が生じているものと含み損を抱えているものがあります。売り時がわかりません。どうしたらよいでしょうか？

売り時がわからない。誰しもが悩む悩みです。売りたいと思った時が売り時だと思います。プラスマイナス相殺もありです。買うだけでなく売るのも経験を積み、実践で学んでいくしかありません

売り時がわからず、放置した結果含み損を抱える。こんな経験をお持ちの方は多くいらっしゃるのではないでしょうか。

売り時は**2つの目安から検討**していくとよいと考えます。

■方法①　売りたいと思った時に売る

1つは、**売りたいと思った時**です。

売りたい、でもどうしよう。そう悩むときが売り時のサインです。

なぜならば、売りたいという気持ちが出てきたからこそ悩むわけです。こうした場合は売ってすっきりさせるのもありだと思います。

ただし、投資初心者ほどありがちなのが、売った後でも売った銘柄の株価や投資信託の基準価額を追い続けることです。**売ったら振り返らない**ことも決めておいたほうがよいです。

そのあとに株価や基準価額が上がって売らなきゃよかったという思いを抱くことがあるかもしれませんが、結局上がるか下がるかしかありません。

売った後に全部下がるなんていうことはあり得ません。

それよりも**利益を出して売却できたらよし**とし、次の投資に進むべきです。振り返らずに前を向いて進みましょう。

また、年末になってくると多いのが、**今年の利益をどう確保するか**ということです。

中長期売買でNISAを使って投資する場合はあまり気にすることではないものの、毎年売買の実績を出したい方は年末に売却するということも検討していきます。

その際に考えたいのが、**利益だけではなく損失も吐き出すこと**。

特に特定口座の場合には、利益と損失を相殺した後に利益が生じた場合に税金がかかります。

プラスマイナスゼロであれば税金はかかりません。こうした相殺を行い、翌年にリスタートするといった方法も検討してみるといいでしょう。

こうした状況で、少しでも売りたいという思いがある場合は、売却してみてよいと思います。例えば、すべてを売却するのではなく、半分売却する、1/4ずつ4回に分けて売却するといった時間分散による売却も検討してみるとよいかもしれません。

特定口座の場合には、年末などに利益と損失を相殺し、プラスマイナスゼロとすることで税金を0にすることも検討します（1月1日から12月31日までの1年間で考えます）。そして翌年に売ったお金で投資をリスタートさせることも考えます。気持ち的にもすっきりすることでしょう。

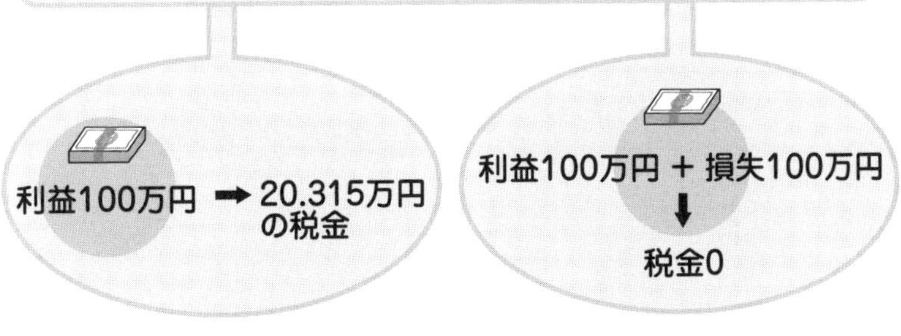

売りのタイミングを考えるにあたって、数字面から検討したいです。指標などをどのように考えればよいでしょうか？

売り時の考え方の2つ目に、数字面から検討する方法があります。20%上昇したら売る、投資指標から見て割高になったら売るといったルールを作成してみてはいかがでしょうか

■方法② ルールを決めて機械的に売っていく

売り時の考え方2つ目として、数字面から検討していく方法を解説します。

例えば、買った時よりも**株価が20%以上上がったら売る**とか、株価が**ストップ高（1日に株価が上昇する上限）を2回以上繰り返したら売る**などルールを決めていくのです。

こうしたルールは経験を積んでいくと、こうした場合に売った方がいいなという自分の売りのルールが出来上がっていきます。

必ずしも投資家全員が同じルールになるわけではないため、**相性のいい売りのルールを確立**していくべきです。

自分なりのルールを確立していく

- 20%上昇したら売却
- 2回以上ストップ高を繰り返したら売却
- 決算発表で大きく上昇したら売却
- 株価が1000円超えたら売却　　など

➡売却後に上がっても気にしない。売った後の株価や基準価額を見なければ余計なことを考えなくてよい。

投資指標が割高になったら売る

投資指標から見て割高になったら売るという方法もあります。

例えば、四季報を見て、**高値平均のPERと同じような値になってきたら売る、配当利回りが3%切ったら売る**といった方法が考えられます。

特に個別企業の株価の場合、何かしらの特徴がある場合があります。

こうした投資指標面から売り時を考えると相性のいいものもあれば、株価のチャートから見て決算期をまたぐと株価が下がる傾向があるなど特徴をつかみ決算前に売却するといった方法も考えられます。

配当利回りの高い企業などは、配当を受け取るよりも配当の権利確定日以前に売却する方が利益を得やすいといった場合もあるので、各社の特徴をつかみ売り時を考えていくのも実践されるとよいでしょう。

いずれにせよ、売って利益を出して初めて成果が上がります。含み益状態では利益確定ではないため、資産が増えたとは断言できません。

慌てずに相場の状況を踏まえながら、着実に売却していけるように実践を積んでくださいね。

＜売り時の考え方の一例＞

- 会社四季報の右上部に、PERの高値平均と安値平均の記載がある。そのうち、安値平均は買い時の目安、高値平均を売り時の目安と考える。高値平均に近づいてきたのでいったん売却しよう。
- 株価チャートを見ると、どうも3月の決算期をまたぐと株価がいったん下がる傾向にある。であれば、3月中に売却し、5月以降に再度買っていくのもありだな。
- ニュースなどを確認すると、今後世界経済情勢が不安定になるかもしれない。いったん半分売却しておくか。
- 株価が2倍になったので、投資金額分回収しよう。半分売ってあとはどうなってもいいや。

3-07 高成長を遂げる国はどこ？

新NISA制度において海外に投資したいと考えています。高成長を遂げる国にはどのような国があるでしょうか？

PwC（プライスウォーターハウスクーパース）が2017年に発表した報告書では、今後、インドやインドネシアが世界の大国へと躍り出る予想となっています。こうした国への投資を検討されるとよいかもしれません

■今後の成長のけん引役は新興国

2017年にPwCが公表した調査レポート「2050年の世界」では、今後、先進国から新興国へと経済力がシフトしていくと予想されています。

調査レポートによれば、2016年から2050年までに世界全体では年平均実質成長率が約2.5％のペースで成長すると予想されており、2042年までに倍増すると予想されています。

中でも、成長のけん引役となると予想されているのは新興国です。

GDPの規模が大きい、経済大国と呼ばれる国の2050年予想ランキング（購買力平価PPPベース）では、**1位に中国、2位にインド、3位に米国、4位にインドネシア、5位にブラジル**となると予想されており、現在の新興国が上位を席巻する可能性が指摘されています。

もちろん、必ずしもこうなるとは限りませんが、アジアを中心に今後も大きく成長する国が出てくるでしょう。

新NISAでは全世界株の投資信託が無難

こうした状況を考慮し、新NISA制度等を活用した中長期投資では、どの国に投資していくのがよいのでしょうか。

無難なのは**世界経済丸ごと投資する投資信託を購入**する方法です。

インドとインドネシアへの投資も検討の余地あり

ピンポイントに絞って高成長を期待し投資するのであれば、**インドやインドネシア**ではないかと思われます。

2022年におけるインドの1人当たりGDPは2,379米ドル、インドネシアは4,798ドルとまだまだ発展する可能性を秘めていることと、インドは年6%程度、インドネシアは年5%程度の高成長を今後も遂げる可能性があるからです。

また、人口大国でもあり、内需成長も可能です。数ある国の中でも安定成長が期待できる国としてこの2国への投資も検討されてみてはいかがでしょうか。

●（参考）PwC「2050年の世界」から上位10ヵ国を抜粋予測GDPの世界順位（PPPベース、2016年基準の恒常10億米ドルベース）

	国名	PPPベースのGDP
1	中国	58,499
2	インド	44,128
3	米国	34,102
4	インドネシア	10,502
5	ブラジル	7,540
6	ロシア	7,131
7	メキシコ	6,863
8	日本	6,779
9	ドイツ	6,138
10	英国	5,369

出典：PwC、調査レポート「2050年の世界」を発表 先進国から新興国への経済力シフトは長期にわたり継続 - インド、インドネシア、ベトナムが著しく成長 ¦ PwC Japanグループ

3-08 成長投資枠での売買方法

新NISA制度の成長投資枠を使って、短期売買を行いたいです。どのように売買していけばよいでしょうか？

短期売買の場合、騰落レシオを確認し、それに沿って淡々と買いのタイミングを見計らっていくとよいかもしれません

■成長投資枠の短期売買は騰落レシオで判断してみる

通常は中長期の資産形成のために利用するNISA制度ですが、**短期売買で利益を稼ぎたい**方もいることでしょう。

こうした場合には、**年間240万円の成長投資枠を毎年すべて利用し売買を行い利益を出していくこと**を検討します。

例えば、日経平均株価が何かしらの理由で急落することがあったとします。その際に、**騰落レシオを利用して割安かどうかを判断する方法**があります。騰落レシオとは、**株式市場の過熱感を表す指標**です。

例えば、**25日騰落レシオ**があります。これは25日間の値上がり銘柄数の合計を25日の値下がり銘柄数の合計で割って求められます。

騰落レシオは100％が中立の状態であり、120％以上になると過熱気味、70％以下では底値ゾーンといわれています。

この騰落レシオを利用して、日経平均株価に連動するETFや投資信託を売買する方法は短期売買で有効です。

例えば、25日騰落レシオと6日騰落レシオを確認し、6日騰落レシオで70％前後になったら買い、25日騰落レシオで120％を超えてきたら売りといった方法が考えられます。

騰落レシオの使用はあくまで一例であるため、その時々の状況によってPERを確認するなど**他の投資指標も確認しながら底値で拾い高値で売る**ことを模索します。

2023年8月18日に日経平均株価の6日騰落レシオは66.72となり、同年9月4日の25日騰落レシオは128.56をつけました。

8月18日の日経平均株価の終値は31,450円76銭、9月4日の日経平均株価の終値は32,939円18銭。およそ4.7%上昇しました。**短期売買で3%以上の収益率となれば大きな成果**といえることでしょう。

こうした短期売買は、年に数回できるかどうかかもしれません。

しかしながら、こうしたチャンスだけ狙って収益を確保していくのが、短期売買では着実な収益獲得法といえるのです。

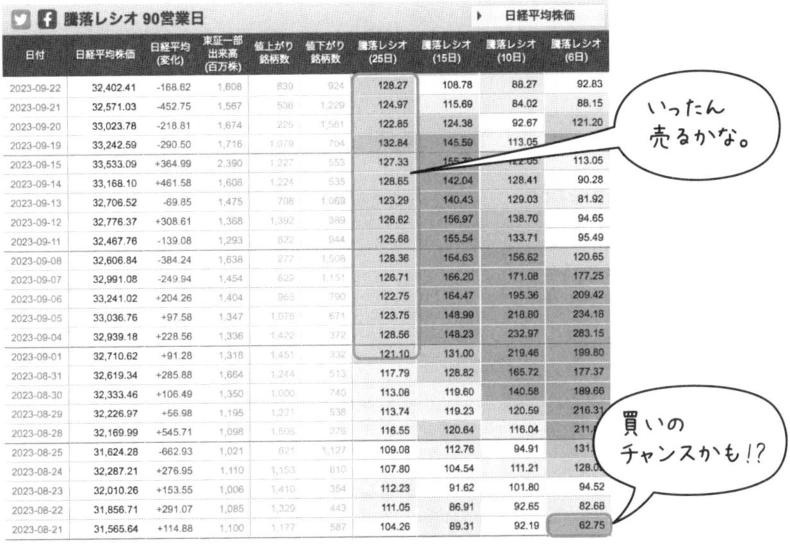

日付	日経平均株価	日経平均(変化)	東証一部出来高(百万株)	値上がり銘柄数	値下がり銘柄数	騰落レシオ(25日)	騰落レシオ(15日)	騰落レシオ(10日)	騰落レシオ(6日)
2023-09-22	32,402.41	-168.62	1,608	839	924	128.27	108.78	88.27	92.83
2023-09-21	32,571.03	-452.75	1,567	536	1,229	124.97	115.69	84.02	88.15
2023-09-20	33,023.78	-218.81	1,674	225	1,581	122.85	124.38	92.67	121.20
2023-09-19	33,242.59	-290.50	1,716	1,079	704	132.84	145.59	113.05	[illegible]
2023-09-15	33,533.09	+364.99	2,390	1,227	553	127.33	[illegible]	[illegible]	113.05
2023-09-14	33,168.10	+461.58	1,608	1,224	535	128.65	142.04	128.41	90.28
2023-09-13	32,706.52	-69.85	1,475	708	1,069	123.29	140.43	129.03	81.92
2023-09-12	32,776.37	+308.61	1,368	1,392	389	126.62	156.97	138.70	94.65
2023-09-11	32,467.76	-139.08	1,293	822	944	125.68	155.54	133.71	95.49
2023-09-08	32,606.84	-384.24	1,638	277	1,506	128.36	164.63	156.62	120.65
2023-09-07	32,991.08	-249.94	1,454	629	1,151	126.71	166.20	171.08	177.25
2023-09-06	33,241.02	+204.26	1,404	965	790	122.75	164.47	195.36	209.42
2023-09-05	33,036.76	+97.58	1,347	1,078	671	123.75	148.99	218.80	234.18
2023-09-04	32,939.18	+228.56	1,336	1,422	372	128.56	148.23	232.97	283.15
2023-09-01	32,710.62	+91.28	1,318	1,451	332	121.10	131.00	219.46	199.80
2023-08-31	32,619.34	+285.88	1,664	1,244	513	117.79	128.82	165.72	177.37
2023-08-30	32,333.46	+106.49	1,350	1,000	740	113.08	119.60	140.58	189.66
2023-08-29	32,226.97	+56.98	1,195	1,221	538	113.74	119.23	120.59	216.31
2023-08-28	32,169.99	+545.71	1,098	1,506	278	116.55	120.64	116.04	[illegible]
2023-08-25	31,624.28	-662.93	1,021	821	1,127	109.08	112.76	94.91	[illegible]
2023-08-24	32,287.21	+276.95	1,110	1,153	610	107.80	104.54	111.21	[illegible]
2023-08-23	32,010.26	+153.55	1,006	1,410	354	112.23	91.62	101.80	94.52
2023-08-22	31,856.71	+291.07	1,085	1,329	443	111.05	86.91	92.65	82.68
2023-08-21	31,565.64	+114.88	1,100	1,177	587	104.26	89.31	92.19	62.75

日経平均株価の騰落レシオは無料で確認できる。例えば、「騰落レシオ 90営業日」を確認すると、6日、10日、15日、25日騰落レシオが確認できる。

これらをもとにどのあたりで買えばよいか、どのあたりで売ればよいかをご自身なりの投資法として確立できると、成長投資枠をすべて利用した短期売買も可能になるだろう。

ただし、金融危機などパニック状況の時は25日騰落レシオが70%どころか60%を割ることもある。経済状況の確認も忘れずに。

出典：騰落レシオ 90営業日　https://nikkei225jp.com/data/touraku.php

新NISA制度の成長投資枠を使って、中長期売買を行いたいです。どのように売買していけばよいでしょうか？

中長期売買の場合、大きなリターンを得られるような株式に投資すべきです。成長性を重視し中小型株を狙っていきましょう

■中長期投資では、成長性を重視して選ぼう

成長投資枠を利用して**中長期の株式投資**を行う場合には、**成長性を重視した株式投資**を行うべきです。そこで注目したいのが、これからの**日本で伸びしろがある分野**と**海外での売り上げが伸びそうな企業**です。

インバウンド需要が見込める企業

例えば**インバウンド需要が見込める企業を探す**などするとよいでしょう。日本政府は2030年に訪日外国人数を年間で6,000万人にする目標を掲げています。月に直すと500万人目標です。

2023年7月は月間で232万人の外国人が日本を訪れています。つまり、今後2倍の訪日外国人数となる可能性があるわけです。

そのため、インバウンド需要が期待できる企業から勢いのある企業を探してみてはいかがでしょうか。

一例として、2023年8月に東京証券取引所グロース市場に上場した「5587インバウンドプラットフォーム」を取り上げます。

インバウンドプラットフォームは、訪日外国人向けのWi-Fi端末のレンタルなどを行う企業です。私たちも海外に行くときは空港等でWi-Fiをレンタルしますね。訪日外国人も同様と考えます。

2022年9月期の売上高は11億3,800万円。2030年にかけて伸びしろはあると考えます。

海外で売り上げが伸びている企業

この他、海外の売上が伸びている企業を探す方法も面白いと思います。

国内市場が縮小するならば、海外に打って出る。そうした日本の上場企業は数多くあります。

そもそも海外を主力として事業を行う上場企業もあります。例えば「4390 アイ・ピー・エス」はフィリピンの通信・CATV業者に国際回線を販売する事業を行っており、毎年着実に売上を伸ばしています。

2022年3月期の売上高が107億円に対して、2023年3月期は123億円でした。

こうした勢いのある企業を複数選定し、中長期的な成長の果実を受け取れるように分散投資をはかってみてはいかがでしょうか。

観光庁「明日の日本を支える観光ビジョン（平成28年）」によれば、2030年に訪日外国人6,000万人を目標としている。

戦略的なビザ緩和、免税制度の拡充、出入国管理体制の充実、航空ネットワーク拡大など、**大胆な「改革」**を断行。

↓

	(2012年)		(2015年)
・**訪日外国人**旅行者数は、**2倍増**の約2000万人に	836万人	➡	1974万人
・**訪日外国人**旅行消費額は、**3倍増**の約３．５兆円に	1兆846億円	➡	3兆4771億円

↓

新たな目標への挑戦！

訪日外国人旅行者数	2020年：4,000万人（2015年の約2倍）	2030年：6,000万人（2015年の約3倍）
訪日外国人旅行消費額	2020年：8兆円（2015年の2倍超）	2030年：8兆円（2015年の4倍超）
地方部での外国人延べ宿泊者数	2020年：7,000万人泊（2015年の3倍弱）	2030年：1億3,000万人泊（2015年の5倍超）
外国人リピーター数	2020年：2,400万人（2015年の約2倍）	2030年：3,600万人（2015年の約3倍）
日本人国内旅行消費額	2020年：21兆円（最近5年間の平均から約5%増）	2030年：22兆円（最近5年間の平均から約10%増）

この10年間で訪日外国人数は大きく増加している。コロナ禍では観光庁の2020年目標は達成できなかったものの、2030年に向けて目標通りに推移する可能性は十分あると考えられる。

日本の人口減少は中長期的に大きなマイナスといえるものの、インバウンド需要がそのマイナスをカバーする面は大きいと考える。

ホテル、飛行機、鉄道といった業種も期待できそうである。

3-09 つみたて投資枠での売買方法（目標を決めた売買）

新NISA制度のつみたて投資枠を使って、老後資金の2,000万円を構築したいです。どのように売買していけばよいでしょうか？

目標金額になったら売却することを前提に、つみたて投資で毎年年率3％の利回りを目指してみてはいかがでしょうか？

■ 年率3％で年間30万円の投資で老後2000万はクリア！

以前話題となった老後資金2,000万円問題。この金額を新NISA制度のつみたて投資枠を利用して確保していくことは可能であると考えます。

20代から年間30万円のつみたてを40年行うとどうなる

例えば20代の方で、**年間で30万円**をつみたて投資枠を利用して資産形成をはかったとします。そして40年間、時間を味方につけて**年率3％**のリターンが享受できたとするとその成果はどうなるでしょうか。

計算を簡単にするために、1年ごとに30万円をまとめて投資し、年3％の運用利回りで行ったとして40年後の成果を確認してみましょう。

この場合、年金終価係数を利用すると簡易的に試算が可能です。高精度計算サイトを利用すると、**40年後には投資額が1,200万円に対して投資成果は約2,262万円**と試算できます。

つまり、毎年30万円のつみたて投資ができれば、老後資金2,000万円問題はクリアできることになります。

iDeCoも併用することを忘れずに

ただし、老後資金2,000万円問題はあくまで現在の引退世代の生活費から試算されたものであり、今後のインフレや公的年金の状況によってはさらに必要となってくる可能性があります。

そのため、上記事例はあくまで一つの考え方であるとし、**iDeCoを併用しながら老後資金を構築していくべき**ともいえます。

資金に余裕が出てきた場合には、新NISA制度の非課税枠上限である1,800万円に到達できるように途中で追加拠出するのもよいでしょう。

いずれにせよ、最初に決めた目標金額またはインフレ分を考慮して**必要となる目標金額に到達した場合には運用年数に関係なく売却**し、現金化することも検討すべきです。

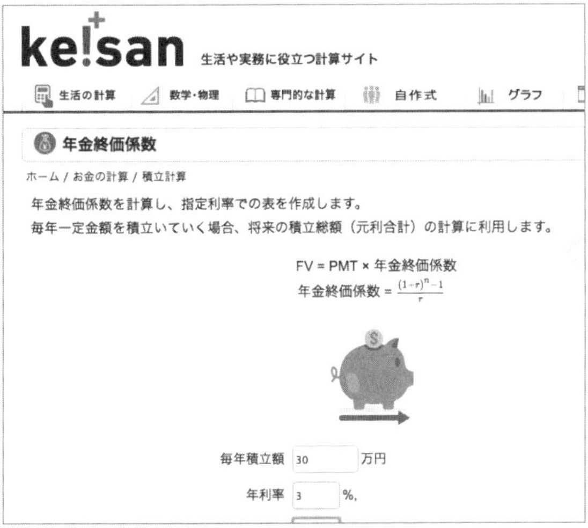

期間	年金終価係数	積立総額 円
1年	1.000	300,000
2年	2.030	609,000
3年	3.091	927,300
4年	4.184	1,255,200
5年	5.309	1,592,700
6年	6.468	1,940,400
7年	7.662	2,298,600
8年	8.892	2,667,600
9年	10.159	3,047,700
10年	11.464	3,439,200
11年	12.808	3,842,400
12年	14.192	4,257,600
13年	15.618	4,685,400
14年	17.086	5,125,800
15年	18.599	5,579,700
16年	20.157	6,047,100
17年	21.762	6,528,600
18年	23.414	7,024,200
19年	25.117	7,535,100
20年	26.870	8,061,000
21年	28.676	8,602,800
22年	30.537	9,161,100
23年	32.453	9,735,900
24年	34.426	10,327,800
25年	36.459	10,937,700
26年	38.553	11,565,900
27年	40.710	12,213,000
28年	42.931	12,879,300
29年	45.219	13,565,700
30年	47.575	14,272,500
31年	50.003	15,000,900
32年	52.503	15,750,900
33年	55.078	16,523,400
34年	57.730	17,319,000
35年	60.462	18,138,600
36年	63.276	18,982,800
37年	66.174	19,852,200
38年	69.159	20,747,700
39年	72.234	21,670,200
40年	75.401	22,620,300

高精度計算サイトをもとに、目標金額に到達するには毎年の積立額や年利率、積立年数をどうすればよいかを試算してみよう。

試算結果をもとに、ご自身がどのようにつみたて投資枠を利用していくかを決めてもよいだろう。

仮に年30万円、年利率3％、積立年数が40年できれば、40年後には約2,262万円が構築できることになる。

つみたて投資で活用すべき投資信託の事例は（96ページ）または本書の【6日目】実践！新NISA制度とiDeCoの活用法（170ページ参照）を参考にしよう。

3-10 つみたて投資枠で米国株に投資する

新NISA制度のつみたて投資枠を使って、先進国に投資し、中長期的に大きく資産を増やしたいです。どんな方法が考えられますか？

積極的な資産運用では、米国株に投資する方法が考えられます。S&P500に投資するインデックスファンドを活用してみてはいかがでしょうか？

■中長期のつみたては成長する米国中心に投資

つみたて投資では、最終的に**成長する国に投資しなければ中長期的な複利効果を大きく得ることができません**。

先進国を中心に投資したいと希望されている場合には、やはり**米国重視の運用**が高パフォーマンスをたたき出す可能性が高いと考えます。

そこで、**S&P500に投資するインデックスファンド**をもとにつみたて投資枠を利用してみてはいかがでしょうか。

筆者のおすすめは、三菱UFJ国際投信が運用する「**eMAXIS Slim米国株式（S&P500）**」です。

eMAXIS Slimシリーズはいずれも運用管理費用である信託報酬が低く、中長期的な資産形成に向いている投資信託です。

その中でも、「eMAXIS Slim米国株式（S&P500）」は、米国の株価指標であるS&P500に連動した投資成果が期待でき、10年単位で見た場合に今後も有望な投資先と考えられます。

米国の実質GDP成長率は、おおよそ**年2～3%程度**です。先進国の中で比較してもその成長率は高く、今後も世界の中心は米国である状態が続くと考えられます。

イノベーションもアメリカ発のものが多く、まだまだ期待してよいと思います。

為替差損に注意

なお、「eMAXIS Slim米国株式（S&P500）」は原則として**為替ヘッジを行いません**。そのため、**円高ドル安に振れた場合には為替差損が発生**することになります。

その点には注意が必要ではあるものの、つみたて投資では分散投資が可能であるため、為替・株価両面において均して購入できる点がメリットです。ある程度そのリスクも軽減できることでしょう。

毎月10万円、年120万円投資し15年で新NISA制度の非課税枠をすべて使い切りたいという場合には米国中心の投資はいかがでしょうか。

そして、例えば2,500万円の運用額になったら売却するといった目標をたててみてはいかがでしょう。

三菱UFJ国際投信「eMAXIS Slim米国株式（S&P500）」の特徴

S&P500指数（配当込み、円換算ベース）に連動する投資成果をめざして運用を行う。原則として、為替ヘッジは行わない。

S&P500は、アメリカを代表する株式500銘柄で構成される株価指数であり、市場全体の時価総額のおよそ8割をカバーしている。

米国に丸ごと投資するような感覚で考えるとよい。

ほったらかし投資も実現可能

ただし、数十年先のことは誰も予想できないことも起こりうるため、定期的な見直しや他の資産でのリスクヘッジも検討すること。

政治、経済両面から考えて米国の世界における優位性は続くと考える。そこで、信託報酬の低い三菱UFJ国際投信が運用する「eMAXIS Slim米国株式（S&P500）」をつみたて投資枠で活用してみよう。

リスクを取ってもよい方はNISAでは「eMAXIS Slim米国株式（S&P500）」一点買いでもよいかもしれない。ただし、全体の資産構成で見た場合には、リスクヘッジを兼ねて現預金、債券、金などもある程度持っておくべきと考える。

3-11 証券会社のサイトで株式を注文してみよう

証券会社で株式を売買するにはどのように注文を出せばよいのでしょうか？

株式の欄の検索か、注文と記載のある部分から売買したい銘柄を検索し、価格と株数を記載することで売買できます

■楽天証券Webサイトで買い注文を出してみよう

初めて株式の売買を行う場合、どのように注文を出してよいかわからない方も多いことでしょう。

そこで、楽天証券の画面を用いて、通常の株式取引（現物取引）の仕方を説明します。どこのネット証券も大方同じ流れです。

まず、楽天証券のホームページからIDとパスワードを記載し、ログインします。

上に並ぶバーから【国内株式】をクリックすると、国内株式トップが表示され、検索入力欄に企業名か企業コードを入力して検索します。

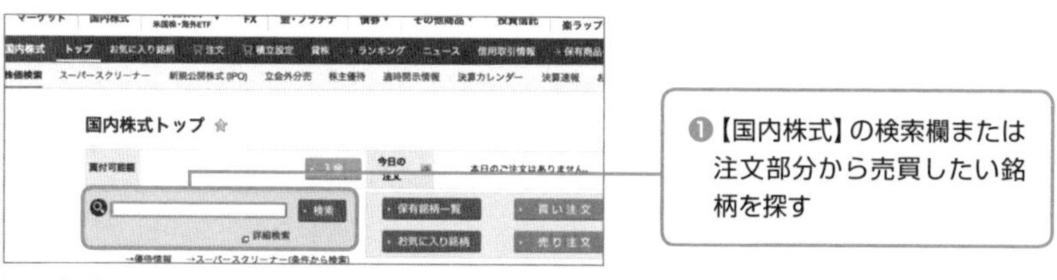

または、赤いバーの「注文」をクリックし同様に売買したい銘柄を記載します。

そうすると、検索された企業の画面が表示され、取引状況のわかる板や株

価が記載される部分に移ります。

右側に買い注文、売り注文とあるので、買いたい場合は「買い注文」をクリックします。売りたい場合は「売り注文」をクリックしてください。

ここでは買い注文で説明します。

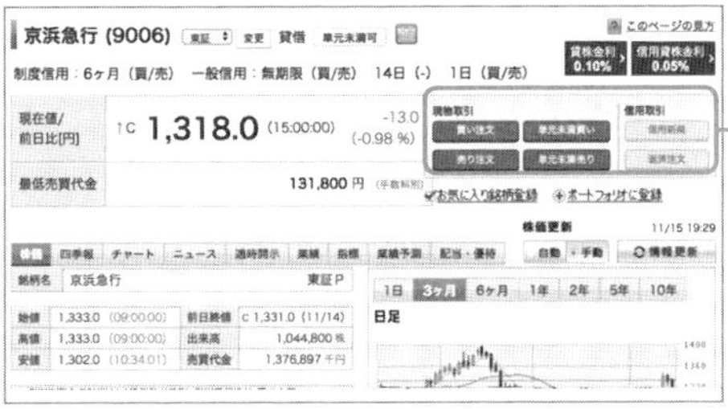

❷買い注文または売り注文をクリックする

「**数量**」に希望する売買株数を、買いたい価格がある場合には「**指値**」に希望価格を入力します。

いくらでもよいという場合には「**成行**」をクリックします。

また、NISA口座で買いたい場合は「**NISA**」をクリック、通常の口座で売買したい場合は「**特定**」をクリックしてください。

「一般」をクリックして売買すると確定申告をご自身で行う必要がありますのでご注意ください。

そして、口座開設時に決めた取引暗証番号を記載し、注文内容を確認することで発注が成立となります。

なお、その時の売買状況によっては売買できない場合もあります。売買できた場合には、保有株式部分にその売買が反映されます。

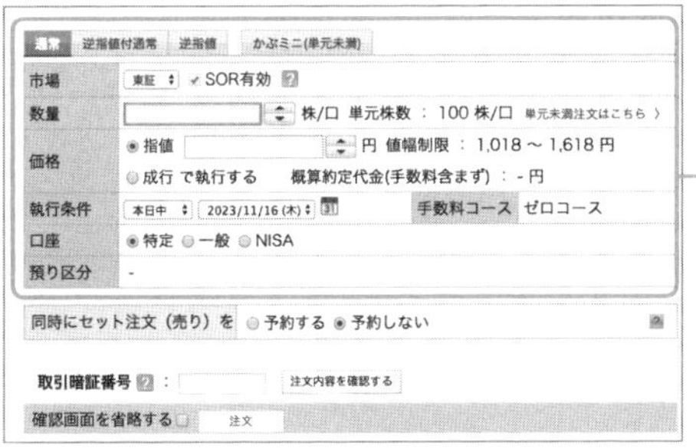

❸数量、指値または成行、口座（特定、一般、NISA）、取引暗証番号を記載して注文完了

Column 手数料が低くておすすめの投資信託・ETFその2

楽天・オールカントリー株式インデックス・ファンド

MSCIオール・カントリー・ワールド・インデックス（円換算ベース）に連動する投資成果を目指します。楽天証券では投信残高ポイント年0.017%が受け取れるため、実質的なコストが年0.0391%と非常に低くなっています。

楽天・S&P500インデックス・ファンド

S&P500インデックス（円換算ベース）に連動する投資成果を目指します。信託報酬は年0.077%ですが、楽天証券では投信残高ポイントが年0.028%あるため、実質コストが0.049%と安くなります。

SBI・V・S&P500インデックス・ファンド

バンガード・S&P500ETFを通じて、米国企業500社に投資できます。信託報酬は年0.0938%。S&P500に投資したい方に向いているファンドです。

PayPay投信 日経225インデックス

日経平均トータルリターン・インデックスに概ね連動する投資成果を目指して運用を行ないます。信託報酬は年0.143%と日経225インデックスの中では最安値です。

たわらノーロード 日経225

日経平均株価（日経225）に連動する投資成果をめざして運用を行います。信託報酬は年0.143%と日経225インデックスの中では最安値です。

eMAXIS Slim国内株式（日経平均）

日経平均株価（日経225）（配当込み）と連動する投資成果をめざして運用を行います。信託報酬は年0.143%と日経225インデックスの中では最安値です。

4日目

iDeCoのしくみ

老後が不安…という方も多いのではないでしょうか？　投資で増やしたお金は老後資金にと考えている方にぜひ、おすすめしたいのがiDeCoです。
運用で出た利益が非課税になることはもちろん、掛金は全額所得税控除されるので、節税効果も高いのが特徴です。
この章では、少し複雑なiDeCoのしくみや年代別の活用方法などを解説します。

4-01 iDeCo《イデコ》の基本のしくみ

iDeCoとはそもそも何でしょうか？
どういうしくみで誰が対象となりますか？

iDeCoとは、個人型確定拠出年金のことです。税制優遇のある老後資金づくりのための制度であり、国民年金の被保険者が加入できます

■ iDeCoで自分年金づくり

iDeCo（個人型確定拠出年金） とは、公的年金に上乗せして自分で運用を行い、運用結果を年金として受け取り、**老後の資金づくりを行う任意加入の私的年金制度**です。

公的年金は国（GPIF）が責任をもって運用してくれますが、iDeCoは**掛金を自分で運用する**必要があります。

ある程度の運用の知識が必要になり、毎月または年1回以上の掛金を拠出し、投資信託などを基に運用をしていきます。

iDeCoは一度加入すると途中で解約できませんが、個人年金保険はいつでも解約ができます。

iDeCoは自分で運用する商品を決める必要があります。

iDeCoには誰が加入できるの？

iDeCoは、原則として、**20歳以上65歳未満で国民年金の被保険者**が加入できます。具体的には次の加入者になります。

- **国民年金の第一号被保険者（自営業者や学生）**
- **第二号被保険者（会社員、公務員）**

- **第三号被保険者（第二号被保険者に扶養されている専業主婦（夫））**
- **任意加入被保険者（60歳以上65歳未満で国民年金の被保険者期間が40年未満の方など）**

また、**国民年金の掛金を支払っている期間のみ加入**ができ、国民年金の掛金を未納・納付猶予や免除されている期間中はiDeCoに加入できません。

一般的には、**国民年金の加入は20歳以上60歳未満**（厚生年金加入者は65歳未満）となるため、この40～45年間の期間のうち、毎月、給与が得られるようになり、計画的に支払いできる人がiDeCoを開始することになります。

掛金は65歳まで拠出でき、原則として**60歳以降に老齢給付金を受け取る**ことができます。

そのため、目の前の生活の資金が厳しくならないよう、余裕を持って掛金の拠出の計画を立てる必要があります。

●iDeCoと個人年金の比較

	iDeCo	個人年金保険
積立額	自分で上限の範囲で決める	契約時に決める
税額控除	全額所得控除	一定額所得控除
運用方法	加入者が決める	保険会社が決める
中途解約	できない	できる
手数料	口座管理手数料、信託報酬	不要（保険料に含まれる）

■iDeCoに加入すればこんなにお得！

iDeCoに加入する大きなメリットとして、**節税効果**がある点です。iDeCoに**掛けたお金の全額が所得控除（小規模企業共済等掛金控除）の対象**となり所得税、住民税が軽減されます。

通常、株や投資信託で運用した利益には、20.315%の税金がかかりますが、iDeCoの**運用で得た利益に税金はかかりません**。

そのため、支払時にも運用時にも税制面で優遇があり、大変意義のある老後資金準備方法といえるのです。

年金として受け取るときにもお得！

この他、年金として受け取るときにも**公的年金等控除**の対象となるほか、一時金として受け取る場合には退職所得としてみなされるため**退職所得控除を差し引くことができるメリット**があります。

こうした税制面でのメリットは、通常の投資信託の購入などにはないため、老後資金の準備を検討される場合にはiDeCoを使わない手段はないといえます。

iDeCoの加入者数

運営管理機関連絡協議会「確定拠出年金統計資料（2022年3月末）」を見ると、iDeCoの加入者数は毎年着実に増加しています。

特に国民年金第二号被保険者（会社員、公務員等）の加入者数が多く、老後資金上乗せのしくみとして活用されていることがわかります。

■毎月の掛金の上限は職業で異なる点に注意

なお、**毎月支払うことのできる掛金**が職業によって異なる点には注意が必要です。

例えば、会社員で企業年金がない場合には、次の図にあるように月額23,000円（年額276,000円）がiDeCoの掛金の上限額となります。

自営業か会社員か、会社員の場合企業年金が他にあるかなどによって掛金上限額が異なりますので、ご自身がどこに該当するかをまずは確認しましょう。

どの区分であっても、**掛金の最低金額は毎月5,000円**です。そして、上限の範囲内で1,000円単位で自由に金額が決められます。

1年単位で拠出金額を決めることもでき、また毎月ではなく年1回以上でまとめて拠出する年単位拠出も可能です。

ただし、2024年12月以降に関しては、国民年金の第1号および第3号被保険者、企業年金のない会社勤めの方を除き、年単位の拠出ができなくなります。

●加入資格によって異なるiDeCoの掛金の上限額

加入資格		掛金の上限額
第1号被保険者 ※1	自営業者、フリーランスなど	月額 6.8万円（年額81.6万円）（国民年金基金または国民年金付加保険料との合算枠）
会社員・公務員など 第2号被保険者	会社に企業年金がない会社員	月額 2.3万円（年額27.6万円）
	企業型DCに加入している会社員	月額 2.0万円（年額24.0万円）
	DBと企業型DCに加入している会社員 ※2	月額 1.2万円（年額14.4万円）
	DBのみに加入している会社員 ※2	月額 1.2万円（年額14.4万円）
	公務員など ※2	月額 1.2万円（年額14.4万円）
第3号被保険者	専業主婦（夫）	月額 2.3万円（年額27.6万円）

※1　第1号被保険者は国民年金基金または国民年金付加保険料との合計の上限を示す
※2　2024年12月から掛金上限額が変更になり、2万円まで拠出ができるようになる予定

実際どれくらいの額を掛けている？

2023年8月時点の国民年金基金連合会の資料によると、掛金の平均は16,125円となっています。

職業別に見ると、第1号（自営業等）の平均が28,379円、第2号（会社員、公務員等）の平均が14,545円、第3号（専業主婦（夫））の平均が15,138円となっています。

おおよそ**毎月の掛金を10,000円～23,000円以内**としている方が多いようです。

また、国民年金第一号被保険者に関しては、毎月の掛金を上限である68,000円としている方も多くいることが推測されます。

4-02 iDeCo年金の受け取り方

iDeCoでは、年金（老齢給付金）の受け取り方には
どんな方法がありますか？
また、どの方法がメリットがあるのでしょうか？

退職金があるかないかなど皆さんの状況によって
変わってきます。退職金がない場合などは一括受
け取りも選択肢にあがってきます

■ iDeCoの給付金の方法は3つから選べる

iDeCoでは、原則として**60歳から老齢給付金**を受け取ることができます。ただし、60歳時点で加入してから10年を経過していない場合には、通算加入者等期間に応じて受け取れる年齢が異なります（右ページ図参照）。

老齢給付金の受給方法には次の3つあり、いずれかを選択できます。

❶ 一括（一時金）で受け取る

給付金を受け取ることができる年齢（原則60歳）になったら、75歳になるまでの間に一時金として一括で受け取ることができます。

❷ 分割して年金として受け取る

iDeCoを分割して年金で受け取る場合は、5年～20年の有期年金として運営管理機関が定める方法で受け取れます。受給の開始時期は、75歳になるまでの間で選ぶことができます。

❸ 一括と分割を組み合わせる

一部の年金資産を一時金で受け取り、残りの年金資産を年金で受け取る方法を取り扱っている金融機関もあります。

老齢給付金の受取開始可能年齢

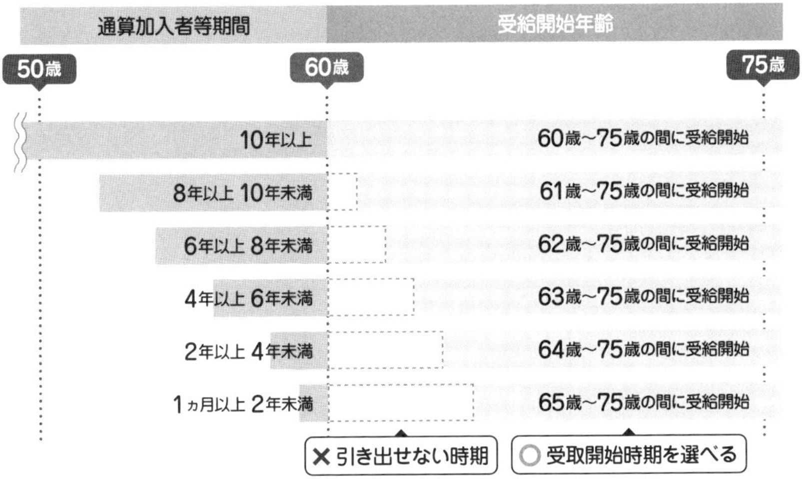

ライフプランに応じて選べる！　受取方法の例

一時金

ケース1

退職金の代わりに、
60歳になったら
一括で受け取りたい。

年金

ケース2

60歳で退職。65歳の公的資金支給開始までは、iDeCoで年金受け取りして、無収入期間をカバーしたい。

一時金＋年金

ケース3

60歳になったら
一部をまとまった金額で受け取り、
残りは分割で受け取りたい。

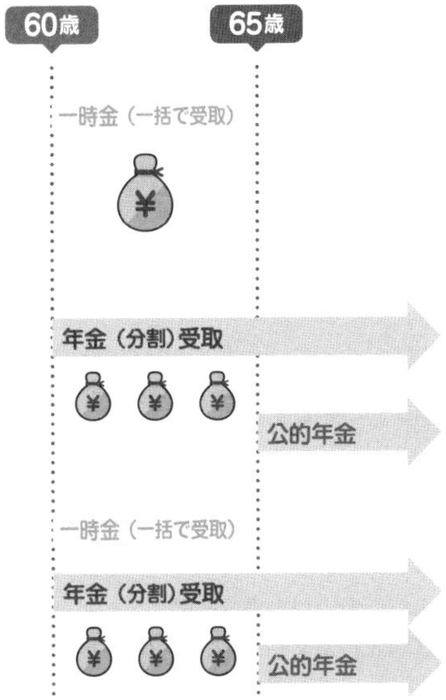

なお、75歳までに受給申請を行わなかった場合には、自動的に一括での受け取りとなるのでご注意ください。

老齢給付金で受け取るのが一般的ではあるものの、iDeCo加入者または運用指図を行っている方が75歳になる前に病気やけがで一定以上の障害状態となった場合には、**障害給付金**が支払われることがあります。

また、iDeCo加入者の方が亡くなった場合には、遺族に対して**死亡一時金**が支払われます。

死亡一時金を受け取れる遺族は、配偶者、子供、父母、孫、祖父母および兄弟姉妹といった方で、相続順位に応じて受取人となることができます。なお、加入者が事前に死亡一時金の受取人を指定することも可能です。

例外的にiDeCoを途中で脱退できる

この他、例外的にiDeCoを脱退し一時金を受け取ることができる場合があります。

通算拠出期間が5年以内または個人別管理資産額が25万円以下といった場合で所定の要件を満たす場合にはiDeCoを脱退できます。

ただ、通常は老後資産形成のためのしくみのため、脱退することは基本的に考えず、計画的に資産形成を図っていくべきです。

●iDeCoの申込み、加入、運用、受け取りまで

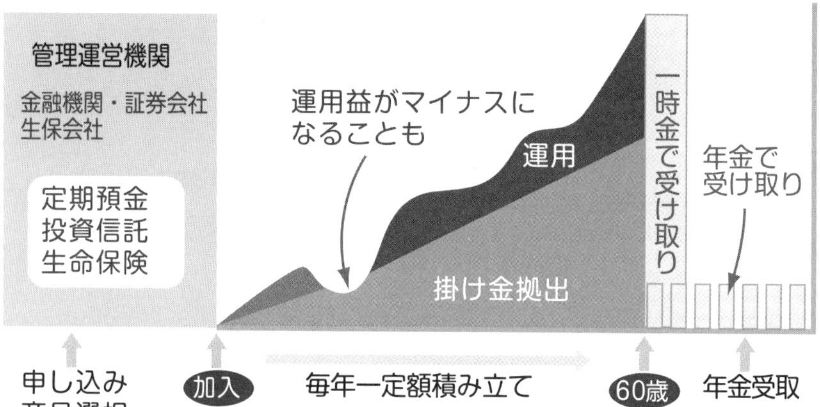

■受け取りは一時金が有利か、退職金が有利か？

老齢給付金を年金で受け取る場合は**公的年金等控除の対象**となり、一時金で受け取るときには**退職所得控除の対象**となります。

iDeCoの資産をどのように受け取るか。一般的には税金面と生活費の両面から検討していきます。

年金で受け取った場合の公的年金控除額は、年齢が65歳未満では年金額130万円未満の場合の控除額が一律60万円です。65歳以上では、330万円未満の場合の控除額が一律110万円です。年金総額110万円以下なら公的年金等には課税されません。

退職金がないときは一括で受け取りが有利

例えば、**退職金がない場合**には、**iDeCo資産を一括で受け取るほうが税金面でメリット**があるといえるかもしれません。

一括で受け取った場合には退職所得の扱いとなるからです。

退職所得の扱いとなる場合には、**退職所得控除**が差し引けるので税制面で有利になります。退職所得控除は、iDeCoの加入期間が20年以下か20年超かでも変わってきます。

例えば、加入期間が30年とすると、退職所得控除は800万円＋70万円×(30年－20年）＝1,500万円となります。つまり、**iDeCoを一括で受け取る場合、1,500万円までの資産であれば税金がかからない**ことになるのです。

退職金がある場合はどう考えればよいでしょうか。

退職金がある場合には、その状況によってどれが得となるかは変わってきます。

そのため、3つの受取方法でどれが得となるかをしっかり試算すべきです。

もしiDeCoを一括で受け取りたいと考えた場合には、**60歳時点でiDeCoを一括で受け取り、65歳時点で退職金を受け取る**といった方法を選択すると税金面でメリットが生じます。

これは複数の退職所得を受け取る場合、iDeCoは過去19年以内、退職金に関しては過去4年以内に他の退職所得を受け取っている場合、退職所得控除を重複して利用することができないというルールを考慮したためです。

つまり、iDeCoを受け取ってから退職金を受け取るまでに5年間期間を空けることで退職所得控除を重複して利用できるため、節税面でメリットが生じるのです。

いずれにせよ、税金面だけではなく、その後の**生活を行う上での資金繰りも考慮して受け取り方は選択していきましょう**。

iDeCoを一括で受け取る場合、退職所得控除が適用される。

●退職所得控除額の計算の表

勤続年数（=A）	退職所得控除額
20年以下	40万円 × A（80万円に満たない場合には、80万円）
20年超	800万円 + 70万円 ×（A-20年）

※勤続年数は、実際にはiDeCoの加入年数に置き換えて計算する。

60歳時点で、勤続年数が30年、iDeCo加入年数が30年とした場合

❶ 60歳でiDeCoを一括と退職金を同時に受け取る場合の退職所得控除

退職所得控除　800万円 + 70万円 ×（30年−20年）= **1,500万円**

❷ 60歳で退職金を受け取り、65歳でiDeCoを一括で受け取る場合の退職所得控除

退職金に係る退職所得控除　800万円 + 70万円 ×（30年−20年）= **1,500万円**

iDeCoにかかる退職所得控除　800万円 + 70万円 ×（35年−20年）− 1,500万円 = **350万円**

退職所得控除の合計　**1,850万円**

❸ 60歳でiDeCoを一括で受け取り、65歳で退職金を一括で受け取る場合の退職所得控除

iDeCoにかかる退職所得控除　800万円 + 70万円 ×（30年−20年）= **1,500万円**

退職金に係る退職所得控除　800万円 + 70万円 ×（35年−20年）= **1,850万円**

退職所得控除の合計　**3,350万円**

シミュレーション結果では、退職金がある場合で、iDeCoを一括で受け取る場合、❸が税金面で一番得となることがわかる。ただし、実際には受け取れる金額やライフスタイルも考慮してどう受け取るかを検討すべきである。

4-03 新NISA制度との相違点とは？

iDeCoと新NISA制度は何が異なるのでしょうか？

大きな違いは、税制面、運用できる商品の内容、運用期間です。両方使うか、片方だけ使うか、ご自身の状況からご判断ください

税金面ではNISAよりiDeCoが有利

個人年金のiDeCoと非課税投資の新NISAの大きな違いは、税制面、運用商品、運用期間にあります。

iDeCoは老後資金構築という目的がはっきりしています。それに対して**新NISAは中長期の資産形成**という視点ではiDeCoと似ているものの、必ずしも老後資金のためと決まっているわけではありません。

iDeCoは拠出時・運用時・受取時において優遇措置

税制面では、iDeCoに軍配が上がります。**iDeCo**は、**拠出時・運用時・受取時において優遇措置**があります。

これに対して、**NISA**は**売却益**や**配当金**、**分配金**が**非課税で受け取れる**しくみであり、給料から控除できるという節税面のメリットはありません。

運用商品の違い

運用商品では、**iDeCoは投資信託がメイン**となり、この他に定期預金や保険などから選択できます。

これに対して**NISAは国内だけでなく海外市場も対象とした株式や投資信託（ETF、REIT含む）が運用対象**となります。

NISAには元本確保型の運用商品がないので、その他の資産（現預金など）

も考慮して総合的な運用と資金管理を心掛ける必要があります。

運用方法や受け取り方法の違い

iDeCoの掛金は最長で65歳まで拠出でき、受け取りは75歳まで延ばすことができます。これは年齢制限があるとも捉えられます。

これに対して、NISAの年齢に関する上限はありません。65歳以降も投資でき、いつ現金化してもいいしくみとなっています。

また、iDeCoは基本的に毎月掛金を支払い運用していく必要があります。原則60歳まで引き出しはできません。

これに対して、NISAは投資したいときに投資できます。継続する必要もないので、いざとなれば現金化し生活費に充てることも可能です。

継続は力なりを重視するか、大チャンス時にまとめて投資する機会を狙うか。とりあえず片方だけ使い、余裕ができたら両方使うか。それぞれ一長一短あるため、ご自身にあった最適な使い方を検討してください。

●新NISA制度との相違点とは？

	iDeCo	新NISA
対象年齢	20歳以上65歳未満 （一般的には60歳未満）	18歳以上
税制優遇	●掛金が全額所得控除される ●運用益は運用時非課税となる ●受取時に一括で受け取る金額には退職所得控除が、年金で受け取る場合は公的年金等控除が適用される	●運用益が非課税となる
運用商品	投資信託、定期預金、保険	株式、投資信託、ETFなど
流動性	60歳まで引き出しできない	いつでも自由に現金化可能
年間の投資上限額	年14万4,000円～ 年81万6,000円 （加入者の区分により異なる）	つみたて投資枠：年120万円 成長投資枠：年240万円
最低運用金額	月5,000円+手数料	金融機関により異なる （100円～）
運用可能期間	最長65歳まで掛金拠出可能。 受取時期は最長75歳まで延ばすことが可能	無期限

4-04 iDeCoの疑問点

国民年金の第三号被保険者です。私（妻）がiDeCoを行う場合に、第二号被保険者である夫が掛金を拠出することはできますか？　また、夫の所得から支払った掛金を所得控除できますか？

iDeCoの掛金の拠出は、加入者本人の銀行口座からの引き落としとなります。旦那さんが掛金を代わりに拠出することはできません。

■加入者本人の銀行口座からの引き落とし

年金などの社会保険料控除とは異なり、代わりに支払った方の所得控除としてiDeCoの小規模企業共済等掛金控除を適用することもできません。

加入者が支払い加入者が所得控除の適用を受ける必要があります。

第三号被保険者（専業主婦）であっても、夫の所得から支払った掛金を所得控除できません。

■未納月はiDeCoの拠出資格がなくなる

国民年金の保険料を支払うのをうっかり忘れました。この場合、iDeCoの掛金はどうなりますか？

国民年金の保険料が未納である月は、iDeCoの掛金を拠出する資格がないことになります

国民年金第1号被保険者の場合、年に1回、過去1年分の国民年金保険料の納付状況が確認され、未納の月がある場合には、その月のiDeCoの拠出した掛金は還付されることになります。

つまり、**未納の月はiDeCoの掛金を支払うことができません**。

■ 国民年金基金とiDeCoは両方同時に加入可能

国民年金第1号被保険者で国民年金基金に加入しています。同時にiDeCoも加入できますか？

国民年金基金とiDeCoは両方同時に加入可能です

ただし、両方の掛金を合計して**月額68,000円まで**となります。なお、付加年金加入者もiDeCoと併用可能です。

この場合、具体的には付加年金の保険料が月額400円、iDeCoの掛金は月額67,000円（1,000円単位となるため）が上限となります。

■ iDeCoの口座管理手数料はどう払うの？

iDeCoの口座管理手数料はどのように支払えばよいですか？

iDeCoの口座管理手数料は、支払う掛金から差し引かれます

iDeCoの口座管理手数料は、別途支払う必要はありません。

掛金を拠出していない運用指図者の場合には、運用資産を取り崩して手数料に充てることになります。

また、金融機関によって口座管理手数料の金額は異なるので、使い勝手のよさと、手数料を比較して自分に合った金融期間を選びましょう。

iDeCoの疑問点

加入者に代わって誰かが拠出することはできない

国民年金保険料など社会保険料の場合には、例えば親が子のために保険料を支払った場合親の所得控除として適用可能だが、iDeCoの掛金は本人の口座から引き落としとなるため誰かが代わりに拠出することもできないし、誰かが代わりに所得控除を適用することもできない。

iDeCoはあくまでも上乗せ年金であり、メインの年金ではない

そもそもメインで加入すべき年金は公的年金である国民年金や厚生年金。この保険料を支払うのが前提ではじめてiDeCoも加入できるしくみとなっている。国民年金第１号被保険者の場合、国民年金保険料が未納の月はiDeCoの掛金は実質的に支払うことはできなくなっている。

iDeCoと国民年金基金は併用可能

iDeCoと国民年金基金は併用可能である。ただし、どちらにどれだけ毎月掛金を拠出すべきかしっかり検討しよう。着実に資産形成したい方や、安定を好む方は国民年金基金を重視してもよい（国民年金基金はご自身で運用商品などを選ぶ必要がない）。

■決められた範囲で変更可能です

iDeCoの運用商品を途中で変更することは可能ですか？

運用商品の変更や売買は、加入手続きを行った運営管理機関（金融機関）から提示されている範囲内で、いつでも行うことが可能です

運用商品の変更や売買は、すべて自分で判断していく必要があります。運用は自己責任です。損失補填はありません。

運用商品の変更は、**商品別分配**と言います。また、現在持っている商品を売却して現金化した資金で別の商品を購入する方法を**スイッチング**と言います。

■運用実績はWebサイトで簡単に確認できる

運用実績に関して確認できますか？

iDeCoの運用状況がわかる個人別管理資産額などは、記録関連運営管理機関から毎年少なくとも1回は通知がされるようになっています

運用実績は、加入者専用のWebサイトから確認可能なため、いつでも状況を確認できます。

その他、コールセンターでの確認も行うことができます。次ページのように一覧で、運用実績がわかります。

■個人ごとの年金資産は持ち運べる

iDeCo加入中に転職すると何か手続きが必要ですか？

はい、手続きが必要です

iDeCoを転職先の企業型確定拠出年金に移換することもできますし、確定給付企業年金などの年金資産をiDeCoに移換することもできます。

勤務される企業や被保険者の号数に変更があった場合には、国民年金基金連合会にその旨を届け出る必要があります。

状況によって手続きが異なりますので、iDeCo公式サイトなどを確認してください。

■受給や受取方法は自分で決められる

60歳以降も働くつもりです。
受給はどうなるでしょうか？

受給を遅らせることもできます（最長75歳）

iDeCoの老齢給付金を受け取れる年齢（原則60歳）に達すると、記録関連運営管理機関から給付金を受け取るための書類一式が送られてきます。

すぐに受給開始をしてもよいですし、その後も働いて収入を得るためすぐに給付金を受け取る必要がない場合には受給開始を遅らせることもできます（最長75歳）。

iDeCoの疑問点

iDeCoの運用商品の変更

運営管理機関から提示されている範囲内であれば、運用商品の変更や売買は可能。

運用でうまくいかなかった場合などには損失補填の請求はできない。運用はすべて自己責任。誰かのせいにはできないため、運用をどうするかは真剣に検討しよう。

運用実績の確認

インターネットやコールセンターなどで確認可能。月に1回や半年に1回程度は確認するとよいだろう。その状況次第では、運用商品の変更なども検討していく。資産配分比率が当初決めた比率と大きく異なってきたという場合には、リバランスを行うことも検討する。リバランスは当初決めた資産配分へと変更しなおす作業のことである。

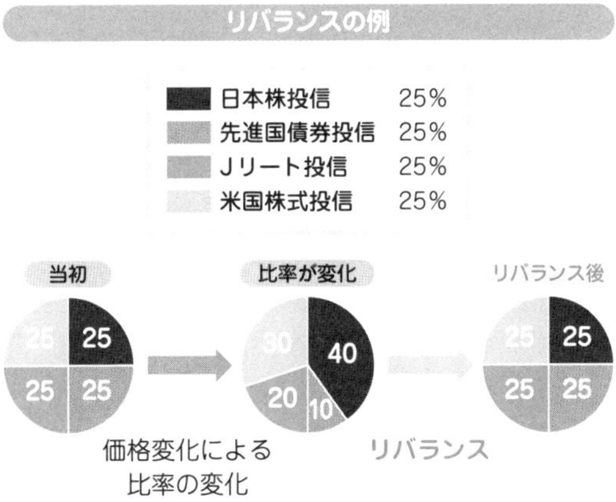

4-05

iDeCoの節税は実際どれぐらい？

iDeCoに加入した場合、実際にどれぐらい節税につながるのでしょうか？

節税総額は、年収の変動によっても異なってきます。少なくとも現状の年収から、1年間の節税額は把握できるため、シミュレーションで確認してみましょう

■ iDeCo公式サイトから節税額が把握可能

資産運用ではどうしてもいくら増えるか、いくら増やすか？に重点を置きがちですが、iDeCoの大きな特徴である**掛金を支払うことで税金が節税できる**という視点も重視すべきです。

実際にいくら節税できるか、iDeCo公式サイトにある「**かんたん税制優遇シミュレーション**」を利用して試算してみましょう。

かんたん税制優遇シミュレーションでは、年収（源泉徴収前、ボーナスも含む、いわゆる額面金額）、加入開始年齢、毎月のiDeCoの掛金、この3つを入力することで簡易的な節税の効果を把握できます。

例えば、年収400万円、加入開始年齢27歳、掛金1万円の人がいたとしましょう。

この人の場合、1年間での所得税軽減額は6,000円、住民税軽減額は12,000円、**合計で18,000円**の税制優遇が受けられることがわかります。もし給与が変わらず、65歳まで継続して同じ金額を掛金として支払ったとすると、38年間で所得税の軽減額は228,000円、住民税軽減額は456,000円となり、**税制優遇額の合計は684,000円**となります。

iDeCoの積立総額は4,560,000円であるため、15％分得したと考えることができます。

運用で仮にまったく増えなかったとしても、税制面での優遇が大きいことがわかります。

これに加えて運用で増やすことができれば、運用時非課税のメリットも利用できるため、かなりお得なしくみであることがわかっていただけると思います。

もちろん、年収が高いケースでは所得税率も上がるため、節税効果は大きくなります。掛金額を増やすことでも節税額はさらに増加します。

かんたん税優遇シミュレーションは、あくまでも現状の年収に基づくシミュレーションのため、実際には節税効果はさらに大きくなる可能性があるのです。

iDeCoの節税は実際どれぐらい？

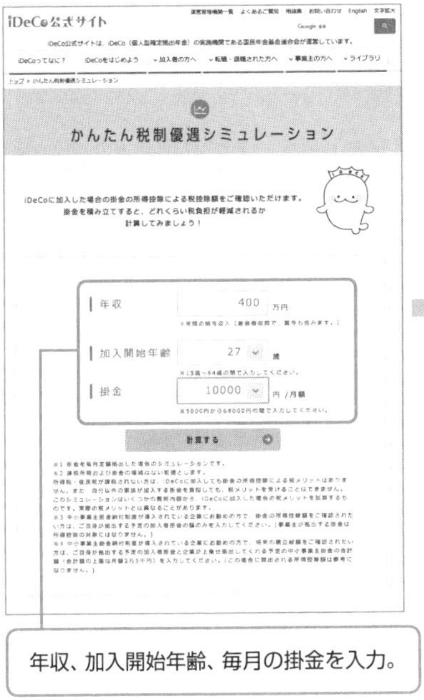

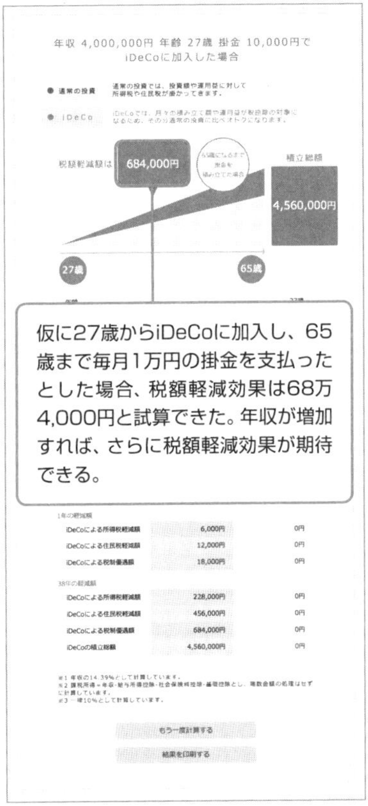

【公式】かんたん税制優遇シミュレーション｜iDeCo（イデコ・個人型確定拠出年金）
（https://www.ideco-koushiki.jp/）

4-06

運用期間が長いほど複利効果を享受できる

iDeCoでは中長期投資が原則と聞きました。中長期投資のメリットは何でしょうか？

運用期間が長いほど複利効果を享受できる点です。iDeCoでは資金の引き出しができず、継続して運用を行っていくため、複利効果が期待できます

■複利を知り、時間を味方につける

複利運用とは、運用で得られた利益（投資信託の分配金など）を使わずに**投資金額の元本に追加して継続して運用**していく方法です。

例えば、元本100万円を運用して1年後に3万円（年3%）の利益が得られたとします。

この時に3万円の利益を引き出さずに元本に加算して2年目は103万円で運用します。

もし2年目も年3%の運用ができたとすると、106.09万円になります。

これを継続して長期間の運用を行うと、大きく利益が増幅していくことが期待されます。これが複利運用のメリットです。

これに対して、**単利運用**とは、運用で得た利益を引き出して受け取る方法です。1年後の3万円の利益を受け取り、2年目は再び元本100万円で年3%で運用すると103万円となります。合計で106万円になります。

複利運用では利益が利益をもたらすので、単利運用よりも運用結果が雪だるま式に増加していきます。

iDeCoでは、20年や30年といった長期的な運用が期待されます。若年期から始めるほど、その効果は大きく期待できます。

また、掛金額が大きくなる場合も同様に複利効果は大きくなります。

一例として、自営業者（年収800万円・増減なし）で年81万6,000円の

掛金をもとに30年間、年3%で運用ができた場合の結果を下に示しました。

このケースでは、投資金額2,448万円に対して30年後には3,882万1,200円となっています。

実に1,434万1,200円の利益です（運用時非課税のメリットあり）。

しかも、かんたん税制優遇シミュレーションによればトータルで**734万4,000円の節税効果**が生まれています。

iDeCoによる**複利と節税の効果がいかに大きい**かががわかります。

運用期間が長いほど複利効果を享受できる

複利効果は年金終価係数を利用して試算可能。
年81.6万円の拠出ができる自営業者の場合、複利運用効果と節税効果が抜群に発揮できることになる。年3%、年81.6万円で30年間運用できたとすると、運用合計は3,882万1,200円となることがわかる。

期間	年金終価係数	積立総額（円）
1年	1.000	816,000
2年	2.030	1,656,480
3年	3.091	2,522,256
4年	4.184	3,414,144
5年	5.309	4,332,144
6年	6.468	5,277,888
7年	7.662	6,252,192
8年	8.892	7,255,872
9年	10.159	8,289,744
10年	11.464	9,354,624
11年	12.808	10,451,328
12年	14.192	11,580,672
13年	15.618	12,744,288
14年	17.086	13,942,176
15年	18.599	15,176,784
16年	20.157	16,448,112
17年	21.762	17,757,792
18年	23.414	19,105,824
19年	25.117	20,495,472
20年	26.870	21,925,920
21年	28.676	23,399,616
22年	30.537	24,918,192
23年	32.453	26,481,648
24年	34.426	28,091,616
25年	36.459	29,750,544
26年	38.553	31,459,248
27年	40.710	33,219,360
28年	42.931	35,031,696
29年	45.219	36,898,704
30年	47.575	38,821,200

年金終価係数 - 高精度計算サイト（https://keisan.casio.jp/exec/system/1428890934）

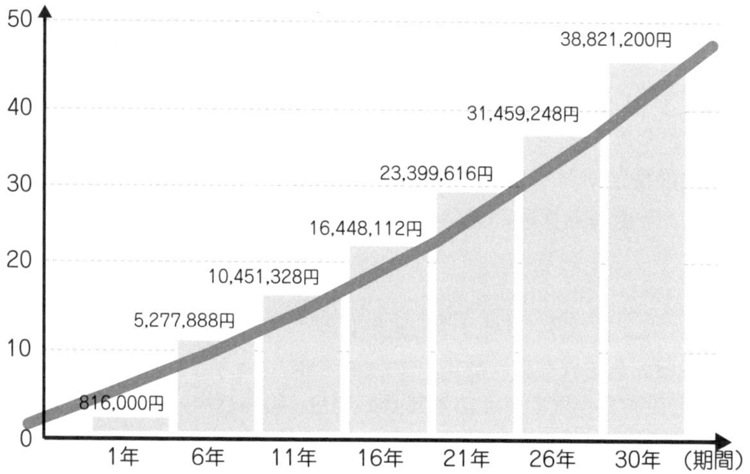

年収にもよるものの、かんたん税制優遇シミュレーションを使って、節税効果を試算すると、事例の場合734万4,000円とわかる。

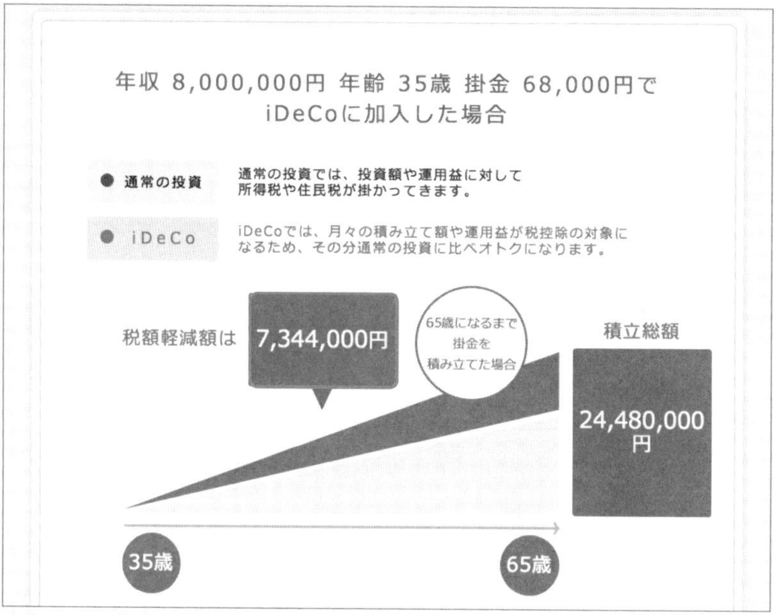

出典：iDeCo公式サイト（https://www.ideco-koushiki.jp/simulation/）

自営業者の場合、任意加入を除けば60歳までしかiDeCoは加入できないため、本来は30歳から60歳までで試算すべきところを、シミュレーションでは35歳から65歳までの30年加入とみなして試算している（結果は変わらない）。

4-07 若年層のiDeCoの活用の仕方

20代のうちにiDeCoを始めてみようと考えています。どんな活用を検討していけばよいでしょうか？

毎月の給料から確実に支払っても良いと考える金額でまずは運用を開始しましょう。積極的にリスクをとった運用でも良いと考えます

■最初は控え目に、知識がついてから掛金は増やそう

複利効果による時間を味方につけ若いうちから長期でiDeCoを活用したい。最近ではこうした声を聞くことも多くなってきました。社会人になってからすぐにでも開始したいと思う方も多いようです。

若年層の場合、給料水準が高い場合を除いて、なかなか毎月の給料から支払える金額も限られてくることでしょう。

また、会社員の場合、そもそも毎月拠出できる金額が多くないため、**20代では月々5,000円～1万円程度**をiDeCoに振り向けたいと考えている方が多いように感じます。

資産運用がはじめての方の場合、どのように株価が動くのかなど、わからないことが多いと思います。また、実際にiDeCoを始めることで経済や投資のことが次第にわかってきます。

iDeCoを開始した当初は掛金を控え目にして、給与も上がり知識・経験がつき始めてから掛金を引き上げていくのがよいでしょう。

まずは、**確実に毎月支払える金額**の月々5,000円～1万円程度で拠出金額を決めてみてはいかがでしょうか。

そして、給料が上がり**余裕が出てきてから拠出額を引き上げていく**ことも検討します。**年に1回拠出額の変更が可能**です。

何に投資すべきか？　悩むと思いますが、若年層の場合には積極的にリスクをとった運用でもよいと考えられます。

実際、20代の方々のiDeCoの運用状況を確認すると、**拠出した金額の8割が投資信託に配分**されています。

しかも、**外国株式型に44.2%、国内株式型に9.4%**と株式への投資を積極的に行っていることがわかります。ハイリスク・ハイリターンですが、長期で見れば大きなリターンを得られる可能性があり、**少額からの思い切った運用は後々効果を発揮する可能性**があります。

若年層のiDeCoの活用の仕方

時間を味方につけた、積極的な運用を若年層では行う人が多い。

若年層ほど投資信託の比率が高く、しかも外国株式型の投資比率が高くなっている。国内株式型もあわせると50%を超える。積極的な投資が後々大きなリターンとなり成果に表れてくるだろう。

●年代別 運用商品選択状況（2022.3末）（単位：万円）

	～19歳		20～29歳		30～39歳	
資産額計	1,966	―	5,858,526	―	42,656,573	―
預貯金	201	10.2%	852,814	14.6%	7,096,788	16.6%
保険	17	0.9%	105,464	1.8%	1,553,768	3.6%
生保	9	0.5%	43,655	0.7%	534,848	1.3%
損保	8	0.4%	61,809	1.1%	1,018,920	2.4%
投資信託・金銭信託等	1,586	80.7%	4,693,343	80.1%	33,227,559	77.9%
国内株式型	154	7.8%	553,021	9.4%	4,591,185	10.8%
国内債券型	22	1.1%	130,781	2.2%	1,030,483	2.4%
外国株式型	1,039	52.9%	2,586,570	44.2%	18,039,087	42.3%
外国債券型	37	1.9%	187,457	3.2%	1,454,907	3.4%
バランス型	268	13.6%	1,044,656	17.8%	6,511,531	15.3%
MMF	0	0.0%	379	0.0%	5,233	0.0%
その他	66	3.3%	190,479	3.3%	1,595,133	3.7%
処理待機資金等	162	8.2%	206,904	3.5%	778,458	1.8%

※投資信託・金銭信託等のうち投資対象がREIT、自社株、コモディティ等の場合「その他」に分類

一方、バランス型でバランスよく分散投資を心がけている人も多くいると見受けられる。

（出所）厚生労働省「確定拠出年金統計資料（2022年3月末）」
https://www.mhlw.go.jp/content/001058200.pdf

4-08 40代以上のiDeCoの活用の仕方

子育ても一段落し、いよいよ老後資金を本格的に構築したいと考えています。iDeCoはどのように活用すべきでしょうか？

子育てや住宅ローンの返済が一段落し、老後資金を本格的に構築できるようになったら、iDeCoの掛金を満額にするといったことを検討していきましょう

■収入が増えるので掛金を増額、運用は保守的に

40代以上になると、少しずつ老後をどうしようか？　といった悩みを解決するために行動していく必要が出てきます。

特に40代後半以上になると、子育ても一段落し、**教育資金から老後資金へと貯める目的が変わっていきます**。

この際に考えたいのが、iDeCoの**掛金を増額したり満額**にすることです。一般的には**40代後半から50代にかけて収入が最大**になる時期がきます。その時には、資金拠出にも余裕が出ることでしょう。

iDeCoへの拠出を増やすことで老後資金を増やすのはもちろんのこと、節税面でも最大限の力を発揮するようにするのです。

収入が多いからこそiDeCoの掛金の増額は節税効果を発揮します。満額が難しい場合には、月5,000円などの増額でもよいと考えます。

掛金は増額しますが、その一方で**運用に関しては徐々に保守的な運用スタイルへ**と変化させていく必要がある時期です。

増やす視点が強い方でも、日本株式や海外株式の投資信託の比率を徐々に下げ、バランス型ファンドの比率を増やしたり、預金や保険の比率を増やし

ていきましょう。

老後資金は40代～50代のうちにしっかり構築すべきです。

そして、**60歳前後にはご自身の希望するリタイアメントプランが描けるような資産形成**ができているのが理想です。

昨今では子育てと住宅ローンが重なり、老後資金どころではないというご家庭も増えているものの、少しずつでもiDeCoなどの活用により老後資金も視野に入れた運用を目指していくべきです。

早いに越したことはありません。

家計の見直しを行い、節約できたお金をiDeCoで強制的に運用していくといったスタイルもいいかもしれません。

40代以上のiDeCoの活用の仕方

iDeCoの掛金の増額

無理のない範囲内で、iDeCoの掛金の増額を検討する。
そして節税効果を最大限発揮させる。

iDeCoの運用の見直し

徐々に株式の比率を下げ、バランス型や預金、保険の比率を増やし
安定運用を心がける。

家計の見直しを行う

必要のないサブスクなど、無駄がないか見直しをする。
無駄を省いた分をiDeCoに回せないか検討する。

時間は止まってくれません。
早いうちから老後資金対策をできるように
していくのが無難です。

4-09 iDeCoで所得控除を受けるための手続きの仕方

iDeCoの運用を開始しようと思います。会社員ですが、その際に、所得控除を適用するためにはどうすればよいのでしょうか？

iDeCoの所得控除は、年末調整で適用できます。なお、給与天引きで行っている場合は事業主が所得控除を行うため特に手続きは必要ありません

■個人振込で納付の場合には、年末調整で適用

会社員や公務員の方がiDeCoの掛金に関して**所得控除**を適用したい場合、個人払込（本人口座からの引き落とし）であれば**年末調整**で行うことができます。

会社経由で**給与天引きで掛金を払い込んでいる**場合には、事業主が所得控除を行うため、特に**手続きは必要ありません**。

個人払込の場合には、毎年10月〜11月頃に国民年金基金連合会から「小規模企業共済等掛金払込証明書（以下、証明書）」が届きます。この証明書が年末調整では必要となります。

年末調整の時期が来ると、勤務先から「**給与所得者の保険料控除申告書**」を受け取り、証明書に記載のある掛金の金額を記入します。

具体的には、小規模企業共済等掛金控除の欄の「確定拠出年金法に規定する個人型年金加入者掛金」および「合計（控除額）」に記入します。

そして、証明書とともに勤務先に提出することで所得控除の適用が可能となります。

払いすぎた所得税は後日還付されます。住民税は翌年度に支払う金額が軽減されます。

なお、年末調整に間に合わなかった場合や、年末調整では受けられない他

の控除も適用したい場合、自営業者などの場合には**確定申告を行う**ことで所得控除の適用を受けることができます。

この場合にも、証明書が必要となります。確定申告書を記入し、証明書を添付のうえ、期限まで（通常は翌年3月15日）に税務署に提出します。

支払った所得税が多い場合には還付が受けられますし、住民税は翌年度に支払う金額が軽減されます。

もし、証明書をなくしたという場合には再発行可能です。ただし、再発行には時間がかかるケースもあるため、慌てないようしっかり保管してください。

年末調整における記載の仕方（令和5年分 給与所得者の保険料控除申告書をもとに）

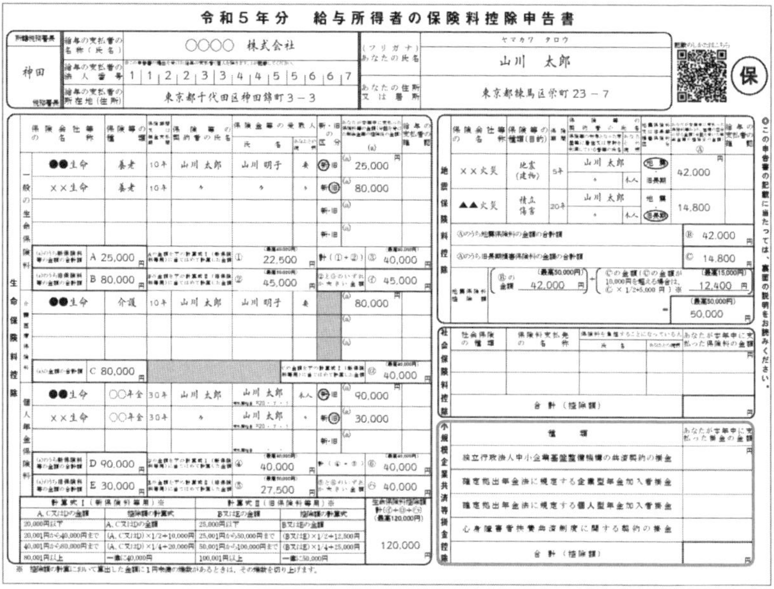

令和5年分　給与所得者の保険料控除申告書

所轄税務署長	給与の支払者の名称（氏名）	○○○○　株式会社	（フリガナ）あなたの氏名	ヤマカワ　タロウ　山川　太郎
神田	給与の支払者の法人番号	1 1 2 2 3 3 4 4 5 5 6 6 7		
税務署長	給与の支払者の所在地（住所）	東京都千代田区神田錦町3－3	あなたの住所又は居所	東京都練馬区栄町23－7

保

生命保険料控除

	保険会社等の名称	保険等の種類	保険期間又は年金支払期間	保険等の契約者の氏名	保険金等の受取人 氏名	あなたとの続柄	新・旧の区分	(a)
一般の生命保険料	●●生命	養老	10年	山川 太郎	山川 明子	妻	新	25,000円
	××生命	養老	10年	〃	〃	〃	旧	80,000
	(a)のうち新保険料等の金額の合計額	A 25,000円		① 22,500円			計（①＋②）	③ 40,000円
	(a)のうち旧保険料等の金額の合計額	B 80,000円		② 45,000円			②と③のいずれか大きい金額	④ 45,000円
介護医療保険料	●●生命	介護	10年	山川 太郎	山川 明子	妻		80,000円
	(a)の金額の合計額	C 80,000円						⑧ 40,000円
個人年金保険料	●●生命	○○年金	30年	山川 太郎	山川 太郎	本人	新	90,000円
	××生命	○○年金	30年	〃	山川 太郎	〃	旧	30,000
	(a)のうち新保険料等の金額の合計額	D 90,000円		④ 40,000円			計（④＋⑤）	⑥ 40,000円
	(a)のうち旧保険料等の金額の合計額	E 30,000円		⑤ 27,500円			⑤と⑥のいずれか大きい金額	⑥ 40,000円

計算式Ⅰ（新保険料等用）※		計算式Ⅱ（旧保険料等用）※	
A、C又はDの金額	控除額の計算式	B又はEの金額	控除額の計算式
20,000円以下	A、C又はDの金額	25,000円以下	B又はEの金額
20,001円から40,000円まで	(A、C又はD)×1/2+10,000円	25,001円から50,000円まで	(B又はE)×1/2+12,500円
40,001円から80,000円まで	(A、C又はD)×1/4+20,000円	50,001円から100,000円まで	(B又はE)×1/4+25,000円
80,001円以上	一律に40,000円	100,001円以上	一律に50,000円

生命保険料控除額 計(④＋⑧＋⑥)（最高120,000円） 120,000円

※ 控除額の計算において算出した金額に1円未満の端数があるときは、その端数を切り上げます。

地震保険料控除

保険会社等の名称	保険等の種類（目的）	保険期間	保険等の契約者の氏名	あなたとの続柄	地震保険料又は旧長期損害保険料区分	Ⓐ
××火災	地震（建物）	5年	山川 太郎 〃	本人	地震	42,000円
▲▲火災	積立傷害	20年	山川 太郎 〃	本人	旧長期	14,800

Ⓐのうち地震保険料の金額の合計額　Ⓑ 42,000円

Ⓐのうち旧長期損害保険料の金額の合計額　Ⓒ 14,800円

地震保険料控除額　Ⓑの金額（最高50,000円）42,000円＋Ⓒの金額（Ⓒの金額が10,000円を超える場合は、Ⓒ×1/2+5,000円）※（最高15,000円）12,400円＝（最高50,000円）50,000円

社会保険料控除

社会保険の種類	保険料支払先の名称	保険料を負担することになっている人 氏名	あなたとの続柄	あなたが本年中に支払った保険料の金額
				円
合計（控除額）				円

小規模企業共済等掛金控除

種類	あなたが本年中に支払った掛金の金額
独立行政法人中小企業基盤整備機構の共済契約の掛金	円
確定拠出年金法に規定する企業型年金加入者掛金	
確定拠出年金法に規定する個人型年金加入者掛金	
心身障害者扶養共済制度に関する契約の掛金	
合計（控除額）	円

○この申告書の記載に当たっては、裏面の説明をお読みください。

（出所）https://www.nta.go.jp/publication/pamph/gensen/nencho2023/pdf/12-2_01.pdf

証明書をもとにiDeCoで支払った金額を記入する。

小規模企業共済等掛金控除	種類	あなたが本年中に支払った掛金の金額
	独立行政法人中小企業基盤整備機構の共済契約の掛金	円
	確定拠出年金法に規定する企業型年金加入者掛金	
	確定拠出年金法に規定する個人型年金加入者掛金	
	心身障害者扶養共済制度に関する契約の掛金	
	合計（控除額）	円

4-10 iDeCoの落とし穴

iDeCoのセミナーなどに行くと、メリットを強調して話されるものの、デメリットはないのでしょうか？

iDeCoにもデメリットはあります。
その点も知ったうえで加入を検討されるべきです

■節税効果が高くならない場合がある

iDeCoでは節税効果を期待して加入される方が多くいます。

しかしながら、全員が節税効果が期待できるわけではありません。例えば、収入がないケースや専業主婦（夫）のケースです。

収入がない場合はそもそも所得税がかかっていません。そのため、iDeCoの所得控除が適用できず、節税効果が期待できません。

こうした場合には所得控除という観点の節税効果は期待できないことになります。

もちろん、**運用時の非課税**といったメリットはありますので、その点を重視される場合はiDeCoの加入は検討可能です。

iDeCoは60歳から受け取れるものの、全員が60歳から受け取れるわけではありません。**加入期間が10年以上ないと60歳から受け取る**ことができないのです。

そのため、60歳から年金を受け取りたいと計画する場合には、10年以上の加入期間が必要であることを忘れないでください。

企業型確定拠出年金がない企業への転職は要注意

もう一つ、重大な落とし穴があります。

企業型確定拠出年金を導入している企業から企業型確定拠出年金がない企業へ転職した場合、**iDeCoへの移換手続きを行う必要**があります。

この時の**移換手続き期限が6ヶ月以内**と決まっています。

6ヶ月以内に移換手続きを行わない場合、自動的に現金化され運用が行えず、かつ引き出しもできず、管理手数料が毎月差し引かれていくことになります（月額52円。年624円）。

このまま放置すると手数料がただ引かれる状況に。忙しくて何もせず放置しておくとデメリットにしかなりません。

なお、**自動移換**になった場合でも、新規でiDeCoを申し込む場合と同様の手続きを行うことで**運用再開は可能**となっています。

とはいえ、転職時には注意したいものです。こうした落とし穴は加入前に知り、慌てず対応できるようにしておきたいものです。

iDeCoの落とし穴

※他のページにて説明記載のものも含む

- 収入が少ないと節税効果が薄れる
- iDeco加入にそもそも時間がかかる
- 年末調整や確定申告でiDeCoの所得控除を申請し忘れると節税効果が無駄になる
- 60歳から必ずしも給付金（年金）が受け取れるわけではない
- iDeCo加入中に継続して手数料がかかる
- 運用がうまくいかなければ損失発生も
- 企業型確定拠出年金からiDeCoに移換する際、期限がある

こうした内容をあらかじめ知り、対策を立てることができるものは立て、メリットを活かしていくことでiDeCoをうまく活用すべきといえる。トータルで考えれば、メリットの方がデメリットを大きく上回ると感じる人は多いことだろう。

5日目

iDeCoの金融商品・金融機関の選び方

iDeCoがお得なことは、前の章で十分にお分かり頂けたと思います。そこで、これからiDeCoを始める方にぜひ、知ってもらいたい金融機関の選び方やiDeCoでおすすめの金融商品選びを紹介します。すでに運用を始めている方も、さらによい運用成績にするために、金融商品選びを見てみてください。

5-01 iDeCoで買える金融商品とは？

iDeCoで買える金融商品はどのようなものがあるのでしょうか？

iDeCoで買える金融商品には、元本確保型と元本変動型の2種類があります。どのように組み合わせて運用していくか検討しましょう

■元本確保型と元本変動型の違いは？

iDeCoで買える金融商品には、「**元本確保型**」と「**元本変動型**」の２種類が存在します。

元本確保型はローリスク・ローリターン

元本確保型とは、**定期預金や保険商品**が該当します。

あらかじめ決められた金利（利率）で運用され、投資した元本に利息が上乗せされます。

銀行や保険会社が倒産といった状況や途中解約するといった状況にならなければ、一般的に元本割れつまり損をすることはありません。

元本変動型は投資信託

もう一つの**元本変動型**とは、投資した金額（元本）が運用中に預金や保険に比べ利益が大きく出ることがありますが、株式市場の下落などで損失が出ることもある金融商品です。iDeCoでは**投資信託**が元本変動型の主な商品です。

iDeCoを取り扱う金融機関によって、元本確保型と元本変動型の具体的

な金融商品の種類は異なります。

通常は、預金、保険、投資信託がiDeCoの運用商品であると考えればよいです。

若い世代ほど積極的な運用をしている

2022年3月末のiDeCo運用は、預貯金27.4%、保険10.3%、投資信託・金銭信託等61.1%、処理待機資金等1.2%となっています。ここから**メインは投資信託での運用**となっていることがわかります。

また、年代別で確認すると、投資信託への投資割合は20～29歳は80.1%、30～39歳は77.9%、40～49歳は69.2%、50～59歳は56.6%、60歳以上は45.6%と、年齢がかさむにつれて投資信託の投資割合が減っていることがわかります。

若年層ではリスクを高くとり積極的に運用する、**年齢を重ねるごとに預貯金や保険の比率を増やしていく**、このように資産配分の変更を実践されている方も多いように見受けられます。

iDeCoにおける資産配分（全体）

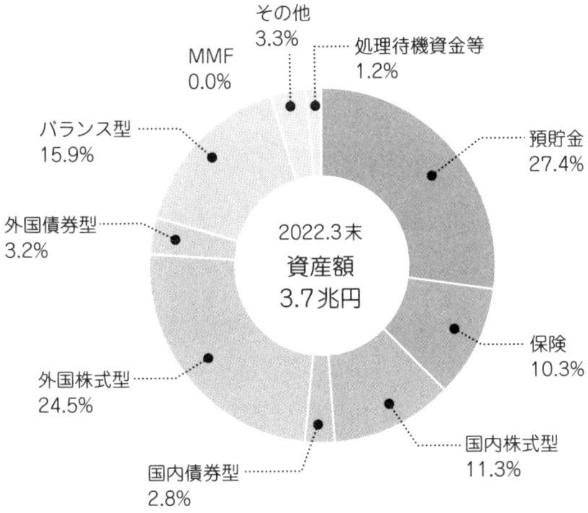

5-02 中長期投資でのリスク分散と商品の選び方

中長期投資を前提とした場合、どんなことに注意しながら資産形成を図るべきでしょうか？

中長期投資においては、積立、分散および成長性の期待できる投資を行うことが前提です

■リスク分散を徹底し、中長期的な資産形成を実行する

iDeCoは老後資金確保のための手段であり、加入時の年齢にもよるものの、基本的には**中長期投資が前提**となります。

20代であれば30年以上の運用が可能です。その場合に注意したいことは、資産形成の基本を忘れないことです。

資産を構築するためには、次の3点が資産形成の軸となります。

- **少額でもコツコツと積立投資を行う**
- **時間だけではなく地域・商品分散を行いリスクを軽減する**
- **成長性の期待できるところを中心に投資する**

積立投資は**時間分散**が可能であり、安い時に多く高い時には少なく効率よく買える点がメリットです。

皆さんが一番悩まれるのが運用商品の選択でしょう。考え方としては、時間だけでなく**地域や商品分散を徹底**させることです。

例えば、日本だけではなく海外への投資も行う。株式だけではなく債券やリート（不動産）なども運用する。均等に保有するのでも良いですし、成長性が見込める部分への投資配分を増やすのでも良いと思います。

成長性という観点からは、新興国に魅力があるものの政治面など様々なリスクも存在するのは事実です。先進国重視か新興国重視か。この点も運用パ

フォーマンスに後々影響を与えることでしょう。

運用商品の中にはハイリスク・ハイリターンのものがあるため、分散してリスクを抑えながらリターンを高めていきましょう。

なお、目標に到達したら売却し預金や保険に移すといったことも忘れずに。皆が60歳や65歳の段階が一番景気が良いとは限りません。

最終的には景気が良く、順調に資産が増加している間に売却し老後資金を確保することを忘れてはなりません。

中長期投資を前提とした場合の資産形成の考え方

iDeCoは基本的に以下のことを前提に運用商品を選んでいく必要があります。

- **中長期投資**
  10年～40年程度
- **時間分散**
  iDeCoは時間分散が自動的に行えます
- **地域分散**
  商品分散
- **成長性が期待できる国・地域に投資**

財産3分法

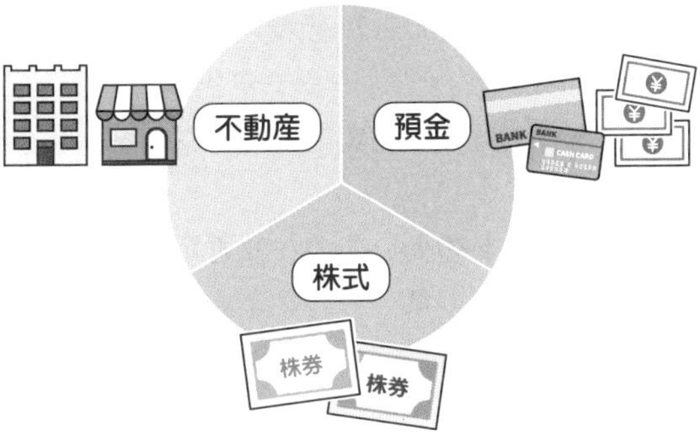

昔からの考え方。財産3分法。株式･不動産･預金で持つことで何かあっても対応できるようにしようという考え方である。
iDeCoでは、これに加えて債券や保険にも投資ができるほか、金融機関によっては金などにも投資可能。
そのため、財産3分法ではなく、財産4分法、財産5分法でも可能。
いろいろ考えるのが面倒という方は、バランス型ファンドを選択し既に分散投資されている投資信託を選ぶのも一つの手段である。

■中長期投資では、どんな商品を選べばよい？

中長期投資を前提とした場合、どんな金融商品を選んでいけばよいでしょうか？

中長期投資においては、成長性の期待できるもの、コストの低いものを軸に選定していきましょう

預金などでも節税できればよいと考える人を除いて、基本的には、投資信託の選定が中心となります。預金や保険ではほとんど増やすことができないため、ご自身の手元資金で預貯金は増やし、iDeCoは投資信託をメインに行うと割り切ってもいいでしょう。

iDeCoの中だけではなく、全体の資産として配分を考える

それでは、どのような投資信託を選んでいけばよいのでしょうか。

まず、成長性の期待できる地域や国への投資という視点でiDeCoの運用商品を考えると、**世界全体**か、**米国への株式投資**が検討できます。

日本株式も忘れてはなりません。なぜならば海外の売上比率が高くなっている上場企業も多くあり、またインバウンド需要で順調な企業もあります。見方を変えれば、**日本株式は日本企業ではなくグローバル企業への投資**となっている側面もあるのです。

もう一つの視点は、**コストの低いものから選定**するということ。同じような投資信託であれば信託報酬の低いものがよいです。ただし、コストだけではなく、運用パフォーマンスも比較しつつ選定していきましょう。

中長期で物事を考えた場合、予測もしないようなことが世界で起きる可能性もあります。その場合には、瞬間的に株価の大幅下落などもあるかもしれません。

しかしながら、継続してコツコツ取り組み、安い時にはたくさん買える積立投資を実行することで最終的なリターンが高まる可能性があることを念頭に置きましょう。

ぶれない勇気も中長期投資では必要！

最初に決めた資産配分を継続し、資産配分の見直しを行う場合はあたふたせず、落ち着いた環境で行いましょう。あせりは禁物です。

ぶれない勇気も中長期投資では必要となります。

基本的に中長期投資を前提とした金融商品選びを行う

楽天証券のiDeCoで投資できる投資信託から、成長性・信託報酬両面をもとに選定。

〈中長期投資で期待できる投資信託5選〉

投資信託名	信託報酬（年）	特徴
たわらノーロード先進国株式	0.09889%	海外の株式を主要投資対象とする。ベンチマークをMSCI世界株式（除く日本・配当込み）としてそれに連動する運用を行う
楽天・全米株式インデックス・ファンド（楽天・VTI）	0.162%	米国の株式を主要投資対象とする。ベンチマークをCRSP USトータル・マーケットとしてそれに連動する運用を行う
楽天・全世界株式インデックス・ファンド（楽天・VT）	0.192%	海外の株式を主要投資対象とする。ベンチマークをFTSEグローバル・オールキャップとしてそれに連動する運用を行う
たわらノーロード日経225	0.143%	国内の株式を主要投資対象とする。ベンチマークを日経225としてそれに連動する運用を行う
たわらノーロード先進国債券	0.187%	海外の債券を主要投資対象とする。ベンチマークをFTSE世界国債（除く日本）としてそれに連動する運用を行う

5-03 iDeCoにおすすめの金融機関

iDeCoに加入する際のおすすめの金融機関はどのようなところがありますか？

コスト面から考えた場合、積み立てを行う場合の口座管理手数料が171円の金融機関を選ぶとよいでしょう

■口座管理手数料が安い金融機関での運用を

iDeCoの加入を検討する場合に、**コスト面を比較したい**と考える方は多いのではないでしょうか。同じ運用を行うのであっても、余分なコストは支払いたくないですよね。そこで、コスト面から見た場合のおすすめの金融機関を紹介します。

iDeCo運用のコストには**加入時の手数料、口座管理手数料、年金（給付金）受取時の手数料**といったものがあります（詳しくは114ページ）。

このうち、加入時の手数料は2,829円で横並び、年金（給付金）受取時の手数料はほとんどの金融機関で440円となっています。

そのため、大きく比較すべきポイントは、**口座管理手数料部分**です。

口座管理手数料は、積み立てを行う場合と積み立てを行わない場合で異なります。最も低い月額の口座管理手数料は、積み立てを行う場合で171円、積み立てを行わない場合で66円です。

そのため、毎月積み立てを行うことを仮定すると、**口座管理手数料が月額171円である金融機関**から選択するとよいでしょう。

171円で設定している金融機関を右ページで一覧にしていますので、参考にしてください。

iDeCoのコストに関しては、競争も激しく、多くの金融機関で最安値の口座管理手数料となっています。そのため、全国区で使い勝手がいい金融機関から選ぶなど、ご自身なりにメリットのある金融機関を選択しましょう。たくさんあって選べないという方は、次ページ以降の運用商品などから選択する場合も参考に的を絞っていくとよいでしょう。

なお、運用商品の選定などご自身で決めて行える方は、コスト面から金融機関を選択すればよいでしょう。

担当者としっかり相談したい、近くの金融機関で相談して決めたい場合など、ご自身での決定に不安がある方などはコスト面以外から選択されることをおすすめします。

口座管理手数料が最安値である金融機関一覧（2023年9月現在）

積み立てがある場合（月額）171円、積み立てがない場合（月額）66円の金融機関

イオン銀行	岡三証券	さわかみ投信
大和証券	野村証券	松井証券
マネックス証券	三井住友銀行（みらいプロジェクト）	楽天証券
りそな銀行	auアセットマネジメント	auカブコム証券
SBI証券（セレクトプラン）	SMBC日興証券	ソニー銀行（資産50万円以上）
みずほ銀行（資産50万円以上）	第一生命保険 ※第一生命保険は、1年目の口座管理手数料が無料となる	

上記金融機関であれば、コスト面ではメリットがあるといえるでしょう。
1年目の口座管理手数料が無料となる第一生命保険はiDeCoの穴場といえるかもしれません。

手数料以外にどんなところを見ればよいでしょうか？

運用できる商品数から見ると、商品数が多い金融機関が希望に沿った運用ができると思います。とはいえ、投資信託に関しては特に目利きが必要です。

■投資信託の運用商品数から考える

iDeCoを取り扱う金融機関を選択する際に、運用商品数から検討するとどのようなことが言えるでしょうか？

一般的に、預金、保険、投資信託といった金融商品がiDeCoでは運用の対象となります。預金や保険はおおよそどこの金融機関もそこまで利率も変わりません。もっとも運用に大きな影響を与えるものは投資信託となるでしょう。

そこで、取扱運用商品数が多い金融機関がどこか確認しましょう。

2023年9月現在、**iDeCoの運用商品数が多い金融機関**の一例として、**松井証券40本、SBI証券38本、三菱UFJ銀行（標準コース）33本**といった金融機関をあげることができます。

こうした金融機関では、様々な投資信託の取扱いがありますので、年齢やリスク許容度に応じてどの投資信託で運用するか吟味しましょう。

なお、運用商品数が多いと何を選んでよいのか迷う方も多いと思います。その場合に検討したいのが、**どこに投資する投資信託かという側面**と**その投資信託にかかる手数料（信託報酬）**です。

iDeCoでは、どの金融機関も投資信託を購入する際にかかる**販売手数料は無料**です。

投資信託の管理費用としてかかる**信託報酬**は同じような投資信託でも異なります。例えば、松井証券が取り扱うiDeCoの投資信託はすべて信託報酬が1%未満と低いものが多く、コストを抑えた運用ができるよう配慮がうかがえます。

その一方で、他の金融機関では信託報酬が年1～2%のものを取り扱っているケースもあります。

信託報酬に見合った運用ができていればよいですが、そうではない場合はコストパフォーマンスは悪いといえるかもしれません。

この他、運用商品数が少ない金融機関をあえて選択し、シンプルに運用していく方法も考えられます（例：三菱UFJ銀行「ライトコース」では取扱商品数が10本と少なめ)。

運用管理費（信託報酬）

松井証券のように、どの信託報酬も低めの投資信託が選定されていると投資信託のコストをあまり気にせずに運用ができる。顧客本位の選定の仕方で評価できるといえる。
中長期の運用になればなるほどコストは重くのしかかることになる。できるだけ低い信託報酬の投資信託の中からパフォーマンスのよいものを選ぶほうが投資初心者には無難である。以下に、松井証券の取り扱うiDeCoの投資信託の信託報酬例を示す。

（2023年8月現在）

区分	投資対象	運用手法	運用商品名	運用管理費用（信託報酬）		5年積立収益率
				名目	実質	
投資信託	国内株式	パッシブ	eMAXIS Slim国内株式(TOPIX)	0.14300%	0.14300%	39.89%
投資信託	国内株式	パッシブ	eMAXIS Slim国内株式（日経平均）	0.14300%	0.14300%	37.38%
投資信託	国内株式	パッシブ	One DC国内株式インデックスファンド	0.15400%	0.15400%	39.85%
投資信託	国内株式	パッシブ	〈購入・換金手数料なし〉ニッセイJPX日経400インデックスファンド	0.21450%	0.21450%	40.42%
投資信託	国内株式	アクティブ	ひふみ年金	0.83600%	0.83600%	21.33%
投資信託	国内株式	パッシブ	eMAXIS Slim国内債券インデックス	0.13200%	0.13200%	-4.41%
投資信託	国内株式	パッシブ	三菱UFJ国内債券インデックスファンド（確定拠出年金）	0.13200%	0.13200%	-4.41%
投資信託	外国株式（先進国）	パッシブ	eMAXIS Slim 全世界株式（3地域均等型）	0.05775%	0.05775%	41.46%

信託報酬は日々かかる運用管理費用である。年0.143%といった信託報酬はかなり低いと考えてよい。

iDeCoに加入する際の金融機関選びとして、コストや運用商品数以外に確認しておくべきことはありますか？

iDeCoに限ったことではありませんが、投資初心者ほどその後の運用フォローも必要になるかと思います。そのため、担当者が付き相談できる金融機関を選ぶことも大切な視点です

■地域密着型の金融機関も選択肢に

運用経験が豊富な方ほど、コスト面や運用商品数、さらには信託報酬が低いもの、運用パフォーマンスのよいものといった視点からiDeCoの金融機関を選ぶことでしょう。

自分で商品を選択できる知識が少ない方は、少額からコツコツと運用経験を身に着けるといった視点から、金融機関の担当者と一緒にiDeCoの運用商品を選択していきます。

その際に一番の候補となるのが、**地元の銀行や信用金庫**といった金融機関です。

担当者の能力や相性も見る必要がありますが、近くでいつでも相談できるといった面からは安心感があります。

アフターフォローがしっかりしている**地域密着型の金融機関を選択**し、担当者にあれこれ聞きながら投資の勉強もかねて運用商品を選択、運用していくといった方法は投資初心者ほど向いているのではないかと思います。

iDeCoは投資の第一歩としても適しています。通常の資産運用では、運用がうまくいかないと資産は増やせません。

しかしながら、iDeCoの場合には仮に運用がうまくいかなかったとしても節税面でカバーができる点に強みがあります。節税を考慮したらプラスとなることは多いでしょう。

一般的な知識を身につけさせてくれる勉強代だと思って手数料を支払うのはあってよいと考えます。

そして、ある程度知識を身につけ、さらなる運用をとなった場合にはNISAなども活用し、ご自身ならではのポートフォリオを構築していけばよいでしょう。

5-04 iDeCoに加入する手続きの流れ

節税面などを考慮してiDeCoに加入したいと考えています。どのような流れで進めればよいでしょうか？

iDeCoに加入するには、最初に金融機関（運営管理機関）を決める必要があります。金融機関が決まったら、金融機関に申込書類を送付して審査に通る必要があります

■最初に金融機関に申込み、WebサイトからもOK

iDeCoに加入する際に、まず考えなければいけないことは、**運営管理機関となる金融機関を決める**ことです。金融機関は1社にしぼる必要があります。

どの金融機関で運用するかによって投資できる商品の数に差が出てきます。例えば、松井証券では取扱商品数が40本と他社よりも多くなっています。分散投資を徹底したい方は取扱商品数の多い金融機関から選ぶとよいでしょう。

コストを気にする方は、口座管理手数料などの手数料から検討するといいです（146ページ参照）。

金融機関と運用したい商品が決まったら、その金融機関に申込書類を取り寄せ、**個人型年金加入申込書**に必要事項を記入します。

なお、多くの金融機関では**Webサイトから申し込みを完結**することも可能となっています。

会社員の方は、**事業所登録申請書兼第２号加入者に係る事業主の証明書**を勤め先に提出し記入してもらう必要があります。

申込書類の記入ができたら、運転免許証などの本人確認書類の写し、掛金の引き落としをする銀行の口座情報など必要となる情報・書類を準備し、申込書類とともに金融機関に送付します。

審査に2ヶ月程度かかることも

金融機関に申込書類を送付すると、その後**加入者資格の審査**が行われます。おおよそ2ヶ月程度時間がかかります。

審査に通って加入資格を得たら、国民年金基金連合会から**個人型年金加入確認通知書、加入者・運用指図者の手引き、個人型年金規約**が届きます。

そして、掛金の引き落としが始まります。

大方このような流れでiDeCoには申し込みます。

書類の不備があるとさらに時間がかかる可能性があるため、申込書類や本人確認書類などの出し忘れがないよう、入念に確認してくださいね。

主な金融機関の手数料と投資信託などの取扱商品数（2023年9月現在）

金融機関	加入時手数料	口座管理手数料（月額）		他社変更時の手数料	年金（給付金）受取時の手数料（その都度）	取扱商品数
		積立継続時	積立を行わない場合			
SBI証券（セレクトプラン）	2,829円	171円	66円	4,400円	440円	38本
楽天証券	2,829円	171円	66円	4,400円	440円	32本
松井証券	2,829円	171円	66円	4,400円	440円	40本
マネックス証券	2,829円	171円	66円	4,400円	440円	27本
auカブコム証券	2,829円	171円	66円	4,400円	440円	27本
野村証券	2,829円	171円	66円	−	440円	32本
大和証券	2,829円	171円	66円	4,400円	440円	22本
三井住友銀行（みらいプロジェクト）	2,829円	171円	66円	−	440円	24本
イオン銀行	2,829円	171円	66円	−	440円	24本

コスト、取扱商品数の多さの他に、普段利用する金融機関から選ぶなど、ご自身にとって利便性の高い金融機関を選ぶようにしましょう。

5-05 老後資金2000万円をiDeCoで構築するには？

iDeCoのみで老後資金2,000万円を構築することは可能でしょうか？

年齢と掛金、運用利回りをどう設定するかで異なります。自営業者の方は掛金を大きく設定可能であるため、十分達成する可能性はあると考えます

■ 会社員でも運用利回りが高ければ達成可能

iDeCoのみで老後資金2,000万円を構築する、これは結構なハードルです。

会社員の場合は年4％ 35年間の運用で達成可能

会社員の方の場合、**毎月の掛金が最大でも12,000円〜23,000円**であり、運用期間が長く運用利回りが高いといった条件を満たさないと難しいでしょう。とはいえ、必ずしも達成不可能とは言い切れません。

企業年金のない会社員の場合、月額の**最大掛金は23,000円**、年間で**27万6,000円の掛金**を支払うことができます。

25歳から60歳になるまで35年間加入したとして、年4％で運用ができたとするとどうなるでしょうか。

計算を簡単にするため、毎年年払いで27.6万円を拠出したとして試算すると、掛金総額が966万円に対して、**運用結果はおおよそ2,032万円**となります。年利率4％の運用は確かにハードルが高いものの、達成不可能という数字でもないのです。

なぜならば、**日経平均の配当利回りは2.1％前後**（2023年9月現在）で

あり、配当と株式の値上がり益を考慮すればできなくはないリターンです。買うタイミングなども見極めて、大きな目標としてもよいかもしれません。

自営業の方は年2% 20年間の運用で可能

自営業者の方は、**掛金が最大月額で68,000円**であることから、運用利回りを低く見積もったとしても掛金の期間が長ければ達成可能です。

年間81万6,000円、20年間、年2%の運用利回りで運用できたとすると、掛金総額1,632万円に対して、**運用結果は1,982万円**ほどになります。

世界経済の成長率が年3%前後であるとすると、年3%程度での運用ができれば、このケースでは運用結果が2,192万円となります。

掛金が多くできること、運用期間が長くできることがiDeCoで老後資金を確保する一番のポイントです。iDeCoだけでは難しいと感じた方は、NISAも併用しつつ老後資金確保を目指していくのがよいでしょう。

老後資金2,000万円を達成する運用計画

〈事例❶〉

企業年金のない会社員の場合で、年27万6,000円の掛金を25年間、30年間、35年間継続して拠出した場合。運用利回りを年3%の場合と4%の場合でおおよその金額を試算。

	25年間	30年間	35年間
年3%	1,006万円	1,313万円	1,668万円
年4%	1,149万円	1,547万円	2,032万円

〈事例❷〉

自営業者で、年81万6,000円の掛金を15年間、20年間、30年間継続した拠出した場合。運用利回りを年2%の場合と3%の場合でおおよその金額を試算。

	15年間	20年間	30年間
年2%	1,411万円	1,982万円	3,310万円
年3%	1,517万円	2,192万円	3,882万円

□のケースでは2,000万円達成可能。ただし、実際にはインフレ分も考慮する必要があるため、さらに高いパフォーマンスを目指す必要も出てくる。

5-06 投資信託の目論見書の見方のポイント

投資信託の購入を検討しています。目論見書の見方を教えてください

投資信託を購入する前に交付目論見書が交付されます。交付目論見書では、ファンドの目的・特色、リスク、運用実績、手数料の部分を特に確認できるようにしましょう

■目論見書を確認し、運用商品を選定する

iDeCoの運用で軸となる投資信託。この投資信託を選定する際にしっかり確認したいのが**目論見書**です。

目論見書とは、投資信託の説明書であり、その**特色や運用方針などが示されている**ものです。

投資信託を購入する前に必ず交付されるのが**交付目論見書**です。この交付目論見書において、特に確認したいのが**ファンドの目的・特色、リスク、運用実績、手数料部分**です。

ファンドの目的・特色部分には、何に投資するのか、どんな投資成果を目指すのかが記載されています。

例えば、三菱UFJ投信のeMAXIS先進国株式インデックスの場合、日本を除く先進国と記載があります。この投資信託と日本株式の投資信託を組み合わせれば、先進国全体に投資ができると捉えられます。

投資リスク部分では、何に投資するかによって記載される投資リスクは異なるので、損失が発生する可能性のあるリスクを確認し、他の投資信託を組み合わせる時に参考にします。

運用実績では、過去の状況や分配金の有無を確認しましょう。

iDeCoやNISA以外も含めて、中長期投資の場合、同じ投資信託では分配金を出していないものの方が投資リターンは高くなるため、**分配金が出ていないものを選択した方がよい**でしょう。

純資産総額では、これが減少傾向にある投資信託では資産の取り崩しが続き運用にも支障をきたす可能性があるため注意しましょう。

手数料部分では、iDeCoで選定される投資信託では販売手数料は無料であるため、特に**信託報酬を確認**してください。

信託報酬は、年1%未満のものがよいです。日々継続してかかる費用のため、同じような投資信託であればコストを抑えたものの方が運用パフォーマンスが良くなる可能性があります。

〈事例〉三菱UFJ国際投信『eMAXIS 先進国株式インデックス』の交付目論見書から

❶まず、ファンドの目的・特色を確認する➡何に投資するのか、分配金は出るのかどうかなどが確認できる。

➡eMAXIS 先進国株式インデックスの場合、MSCI Kokusai Index（円換算ベース）に連動する投資成果を目指し、日本を除く先進国の株式に投資することがわかる。為替ヘッジは行わないため、円安になれば為替差益が生じることになる。

➡年1回の決算時に分配金額を決定するものの、原則抑制方針であることがわかる（中長期投資には分配金支払いはない方が最適）。

❷次に、投資リスクを確認する。

➡どのようなリスクがあるかを確認する。これらのリスクを軽減するためには他にどんな投資信託で運用すればよいかも検討する材料となる。

❸運用実績も確認する。

➡あくまでも過去の運用実績であることを念頭に置く。分配金は出していないことがわかる。

❹最後に、手数料を確認する。

➡金融機関ごとに異なるケースがあるため、要確認。iDeCoの場合は基本的に販売手数料は無料、信託報酬が高くないか確認しよう。eMAXIS 先進国株式インデックスの場合、信託報酬は年0.66%以内であることがわかる。年1%未満であれば比較的低い信託報酬といえる。

5-07 下落傾向にあるときの運用の考え方

購入した投資信託で基準価額が下落している状況が続いて損失が発生しています。どうすればよいでしょうか？

損失発生がどの程度か、また下落傾向がどの程度続いているかによって対応は分かれます。まずは落ち着いて状況を確認しましょう

■損失の原因が一過性なら気にしない

運用する投資信託の基準価額が下落し損失が発生しているとき、どのように考え対処すればよいでしょうか。

まず、その下落が、経済情勢や景気が悪化したためなのか、株価の一時的な調整局面なのかといった**一過性のものなのか、今後続きそうなのかを確認**します。

中長期的に見て成長が期待できるものであれば、**短期的な調整はさほど気にする必要はありません**。

iDeCoは積立投資であるため**下がった時には多く買える**と考えれば安く買えてラッキーという発想もできます。最終的に上がっていれば問題ないからです。

一方で、金融危機のように数年間期待できない状況になった場合はどう対応していけばよいでしょうか。

若年世代は深く考えなくてもいい

この場合でも、**若年世代はさほど気にせず、継続して購入**していくか、場合によっては掛金の増額などにより配分を増やすことも検討します。

過去の様々な危機を確認してもおわかりの通り、米国株式などは数年後には株価は上昇または元通りとなっています。

60歳手前の世代は運用指図者として運用を継続

問題となるのは、残り数年間の運用といった60歳間近の世代です。この場合には、**受け取れる資産が大きく目減り**していると大きな悩みを抱えることになります。

そこで考えたいのが掛金の拠出ができなくなる年齢に到達した場合に、年金として受け取るのではなく、**運用指図者として運用を継続する**ことです。**最長75歳まで継続可能**なため、その間にある程度株価が戻ってくる時を待つのです。

すべての投資対象が上がっていなくても、最終的にiDeCo全体の資産として増加していればよい。そんな気持ちでぜひ運用していただきたいものです。

下落時にとるべき行動

❶なぜ下落しているかを考える。

➡単純な調整といった場合にはさほど気にする必要なく、継続して購入していけばよい。
➡金融危機など数年間期待できない場合でも、若年世代の場合は継続して買い続けることで後々大きなリターンを得ることができる可能性がある。ただし、今後の成長性が期待できるものでないと、損失が膨らむだけになってしまう可能性があるため、運用商品の見極めは必要。

❷分散投資により、1つの投資信託が下がっていたとしても、他の投資信託がプラスであり、全体の資産は増加している場合はさほど気にする必要はない。ご自身が目標とする運用利回りや資産金額に達成していればよい。

❸60歳間近で損失発生。この場合には、運用を継続できる運用指図者になることも検討する。日々の生活資金に問題がないのであれば、iDeCoの資産取り崩しは後回しにしても構わない。そして基準価額が元に戻ってきたら売却を検討する。

iDeCoに限らず、すべての投資資産がプラスになるということは相当難しいことを前提としておくべき。
そして、iDeCo資産全体またはご自身の資産全体で運用がプラスとなっていればよい、最終的に増えればそれでよいと考えると少しは気も楽になることだろう。

5-08 所得が多い人ほど掛金を増やすとメリット大

預金の低金利で増えなかったとしても節税で大きく優遇されれば得ですよね。この考え方でいいですか？

iDeCoを利用して預貯金や保険で無難に運用する場合、手数料を気にする必要があります。ただし、節税効果が大きいのであれば、こうした保守的な運用でも大きなメリットとなる可能性があります

■自営業者の場合は預金よりもiDeCoの預金がお得！

所得が多い人の場合、掛金が大きいほどiDeCoによる節税効果は大きくなります。

特に**自営業者の場合**は、年間の掛金を最大81万6,000円にできるので、iDeCoの手数料など気にする必要もなく、**節税の方が圧倒的にメリット**となることでしょう。

年収500万円、1,000万円、2,000万円のケースで自営業者がiDeCoに年81万6,000円の掛金を拠出した場合、簡易的に1年間での節税がどの程度できるのか確認してみましょう。

年収500万円の場合には、かんたん税制優遇シミュレーションによれば1年間で所得税が61,325円、住民税が81,600円の軽減につながり、合計で142,925円です。

年収1,000万円の場合には、1年間で所得税が163,200円、住民税が81,600円の軽減につながり、合計で244,800円です。

年収2,000万円の場合には、1年間で所得税が269,280円、住民税が81,600円の軽減につながり、合計で350,880円です。

このように、年収が高くなるにつれて適用される所得税率が上がるため、所得税における節税額が大きくなります。住民税は10%で変わりません。

こうしてみると、1年間で数千円程度の手数料がかかったとしても、**節税効果だけで大きなメリット**が得られることがわかります。

特に50代の自営業者など無理して増やすことがないといった場合には、**単純な預金よりもiDeCoで預金した方が断然お得**であることがわかります。所得が多い人ほど掛金を増やすとメリットが大きくなるのです。

節税効果のシミュレーション

年収1,000万円の自営業者のケース（年81万6,000円拠出）

	iDeCo加入時	iDeCo未加入時
課税所得（所得税）	5,315,000円	6,131,000円
課税所得（住民税）	5,365,000円	6,181,000円
所得税額	635,500円	798,700円
住民税額	536,500円	618,100円

▼1年の軽減額

iDeCoによる所得税軽減額	163,200円	0円
iDeCoによる住民税軽減額	81,600円	0円
iDeCoによる税制優遇額	244,800円	0円

考え方によっては、年81万6,000円拠出して税金が244,800円浮く。30%の運用益と同等と捉えることができる。

年収2,000万円の自営業者のケース（年81万6,000円拠出）

	iDeCo加入時	iDeCo未加入時
課税所得（所得税）	15,061,736円	15,877,736円
課税所得（住民税）	15,111,736円	15,927,736円
所得税額	3,434,373円	3,703,653円
住民税額	1,511,174円	1,592,774円

▼1年の軽減額

iDeCoによる所得税軽減額	269,280円	0円
iDeCoによる住民税軽減額	81,600円	0円
iDeCoによる税制優遇額	350,880円	0円

考え方によっては、年81万6,000円拠出して税金が350,880円浮く。43%の運用益と同等と捉えることができる。

【公式】かんたん税制優遇シミュレーション｜iDeCo(イデコ・個人型確定拠出年金)
(https://www.ideco-koushiki.jp/)

5-09 積み立て中にお金が必要になった場合の対処法

iDeCoの運用中に急にお金が必要になった場合、
引き出したりお金を借りることはできますか？

残念ながら引き出しやiDeCoをもとにお金を借りることはできいません。ただし、掛金の減額や拠出の停止を行うことは可能です

■ iDeCo資金の引き出しは不可、掛金減額・停止はOK！

iDeCoの掛金を支払うのがきつい、経済情勢や働き方などによってはこうした悩みも出てきます。また、急遽、自身の入院や家族の介護でお金が必要になり、iDeCoの資産を換金する必要に迫られるかもしれません。

iDeCoの資産を換金して引き出すことは**60歳以降でないとできません。**そのため、iDeCoをあてにすることは難しいのです。

急遽お金が必要になった場合には、保有する現預金や小規模企業共済、加入する個人年金保険などの解約返戻金をもとにお金を借りるといった方法で対処するしかありません。

iDeCo以外の部分も含めて、**不測の事態にも備えて計画的にお金は貯めていく**のが無難です。なお、不測の事態に備える資金としては**300～500万円ほどの現預金**があるとよいでしょう。

今後日々のやりくりを何とかしたい場合、iDeCoでは**掛金の減額が可能**です。掛金は**1年に1回変更**できます。**最低月5,000円まで減額可能**です。

自営業者の場合で、月68,000円などにしたものの、経済情勢が悪化し収入が減りそうといった場合は減額も検討してみましょう。

どうしても掛金を支払うのが厳しい。こうした場合には、**運用指図者となり、掛金の支払いをストップさせる方法**が考えられます。

それまで支払った掛金を基に運用し、拠出はストップするのです。そして、収入が安定するなど拠出が可能になれば再度加入者へと戻ることもできます。

なお、運用指図者になった場合でもその期間の口座の管理費用は掛かりますし、拠出がないため税制優遇面でメリットが受けられない点には注意してください。

まずは加入時の状況だけではなく、今後の支払いも見据えて、無難な掛金を決めていくべきです。現預金を手元に残すことも忘れずに。

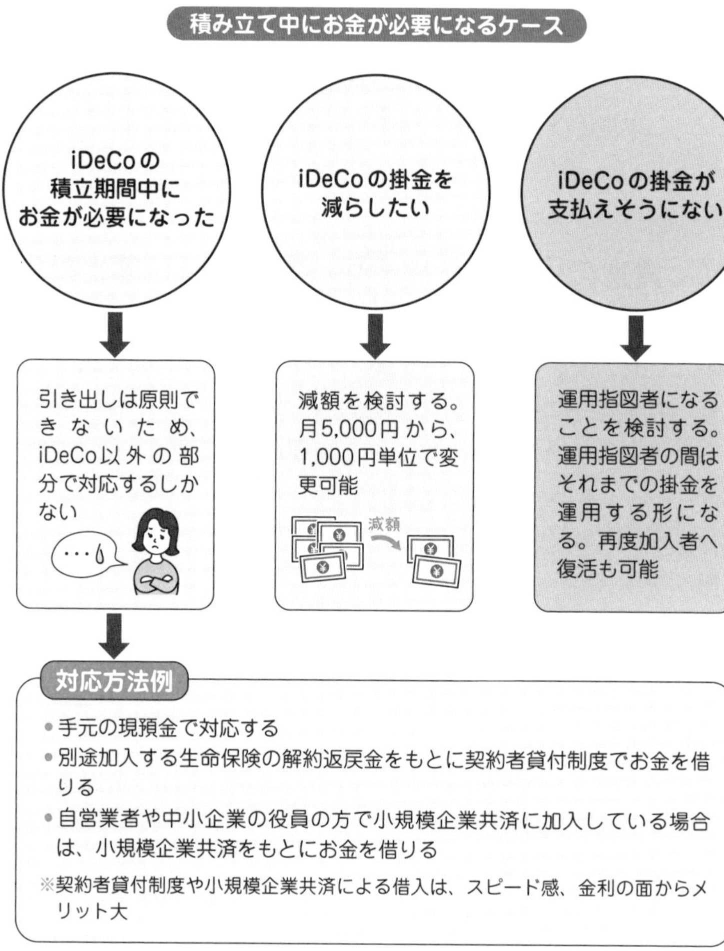

5-10 退職時期に近づくほどリスクは減らしていこう

iDeCoの資産配分は、当初決めた割合を最後まで継続していけばよいのでしょうか？

iDeCoは、老後資金が目的の運用です。そのため、一般的には退職時期に近づくほど、預金や保険の比率を増やしリスクを減らしていくべきです

■若年期はリスクを、退職時期に近づくほど保守的に

iDeCoの目的は**老後資金の構築**です。

毎月の掛金と想定される運用利回りから、最終的な目標金額を決め、それに近づけられるように運用を行っていきます。

ここで課題となるのが、**目標金額に到達した場合**です。

その後も継続して運用を行うべきか、預金や保険の割合を増やして減らさない運用へと切り替えるべきか。

例えば、退職時期が近付き目標金額に到達した。この場合には、リスクをとらず、**預金や保険へシフト**させましょう。

もちろん、その後も運用により増える可能性もあるものの、減る可能性もあります。実際に受け取る時期に目減りして困ったでは、取り戻しが付きません。

そのため、余裕資金がふんだんにあり運用でリスクをとってもよいとお考えの方は別ですが、**基本的には保守的な運用へと切り替えるべき**です。

一般的には、若年期の運用ではリスクをとった積極的な運用を行うことも可能です。もし運用でうまくいかなかった場合でも、他の預貯金やその後の収入などでカバーしていくことができるためです。

退職時期が近付いてきた世代では、運用の失敗はカバーが難しく、その後

も働いて老後の生活資金を稼ぐといった選択肢を取らざるを得なくなります。働くのが生きがいや社会貢献ならいいですが、生活費のためでは老後の楽しみが減ってしまいます。

なお、老後を間近に控えたときに、必ずしも景気がいいとも限りません。売却し利益確定してはじめて老後資金の構築となります。

iDeCoは一生運用できるわけではなく、期限が決まっているので、**目標金額に到達したらいさぎよく売却**し、**預金などの保守的な運用へ切り替える**。そうした勇気も必要です。

ハッピーエイジング

〈基準資産配分比率〉

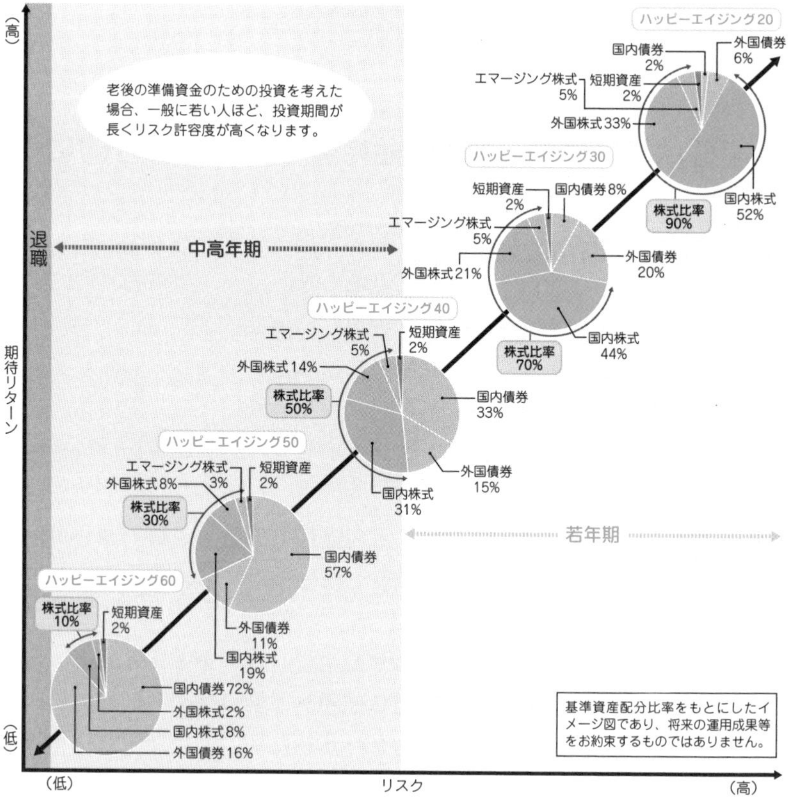

(出所)SOMPOアセットマネジメント「ハッピーエイジング」
https://www.sompo-am.co.jp/fund/0884/

5-11 元本確保型は年単位で掛け金を支払うべし

iDeCoにおいて、元本確保型中心の運用に変更したいです。とはいえ、毎月の口座管理手数料を考えるとそれでよいのかどうか…。手数料を抑える方法はありますか？

iDeCoでは、毎月拠出するたびに国民年金基金連合会に支払う手数料があります。これを年単位での支払いにすることで毎月かかる手数料を抑制することができます

国民年金基金連合会への105円を年単位に切り替え

iDeCoでは、毎月ごとに**口座管理手数料**がかかります。月々171円～数百円程度ではあるものの、長期で見ればばかになりません。

節税面でお得なしくみであるため、手数料はやむを得ないという考え方もできますが、手数料も抑えて運用していきたいですね。

特に元本確保型の預金や保険では、**手数料分の利息もカバーできない**こともあります。こうした場合には、どうすればよいでしょうか。

一つの方法として、掛金の支払い回数を減らして手数料を抑える方法があります。毎月かかる口座管理手数料のうち、**国民年金基金連合会に支払う105円**は掛金を拠出した月のみにかかる手数料です。

これを毎月支払うのではなく、**年単位で支払うように切り替える**ことを検討します。

こうすれば、年に1回のみ105円の手数料がかかります。つまり、**1年でいえば11ヶ月分の1,155円の手数料が節約**できることになるのです。

若年期のリスクをとった積極的な運用を行う時期であれば、こうした節約

はさほど気にする必要はないでしょう。

目標金額に到達し、元本確保型を中心に着実な資産形成を図りたい場合、毎年まとめて支払える余裕がありコストを抑えたいといったご希望がある場合は、手数料を抑えましょう。

年払いにするためには、iDeCoに加入している金融機関に「**加入者別掛金額登録・変更届**」を提出する必要があります。

なお、2024年12月以降は、企業年金のある会社員の方などは年払いでの支払いができなくなりますのでご注意ください。

毎月の口座管理手数料の内訳

支払先	毎月の手数料金額
国民年金基金連合会	105円
信託銀行	66円
運営管理機関（金融機関）	0円～500円程度

掛金を年払いして毎月の105円の手数料を抑える

運営管理機関に支払う手数料が無料のケースを選択する

〈この他に考えたい運用パターン〉

- 長期での金融商品の運用を基本とし、スイッチング（預け替え）はできる限り少なくする
  - ➡定期預金の場合、満期前に解約すると当初適用されていた利率より低い「中途解約利率」が適用されるおそれあり。満期解約になるよう検討すべき。
  - ➡保険も同様、途中解約時の金利情勢によって「解約控除金」が差し引かれるため、元本を下回る場合あり。

5-12 iDeCoの金融機関を変更するには？

iDeCoの運用を既に行っている者です。運営管理機関である金融機関を変更することはできますか？

運営管理機関である金融機関の変更は可能です。その際に、変更する新しい金融機関に加入者等運営管理機関変更届など必要書類を提出する必要があります

■書類で手続きすればOK、運用商品はいったん売却

「引っ越しをすることになり、近くに今使っている金融機関がない」「手数料が割高と感じ、コストの低い金融機関に変更したい」こうした場合には、iDeCoの運営管理機関である**金融機関を変更することができます**。

書類での申し込みが必要となり、新しい金融機関に申込資料を請求します。そして、**加入者等運営管理機関変更届**など必要書類を提出することで変更可能です。

なお、書類提出後に**国民年金基金連合会の審査**があることから、手続きに2ヶ月程度要する可能性があります。変更したい場合には早めに申し込みを行いましょう。

手続き完了後、移管完了通知書や口座開設のお知らせなどが届き、再度iDeCoの運用が開始となります。

なお、iDeCoの金融機関を変更する場合には、多くの金融機関では4,400円の**運営管理機関変更時手数料**がかかります。

また、変更時に変更前の金融機関で運用していた**投資信託などはいったん売却する**必要があります。そして変更後に運用商品を新たに選択しなおす必要があります。

iDeCoの金融機関変更により手数料が下がる場合は大きなメリットで、

年間で数千円浮くこともあります。

また、加入時からネット証券や全国展開する証券会社、銀行など全国どこにいても使える金融機関を選択していれば変更を検討する必要もありません。

そのため、加入時の金融機関選びは住環境などに変化があった場合も考慮して慎重に行いましょう。

iDeCoの金融機関を変更する際に必要となる「加入者等運営管理機関変更届の記載見本」

間違いのないように見本を確認しながら記載していこう。

※この他、氏名変更、住所等変更などの際に必要となる書類は、iDeCo公式サイト（https://www.ideco-koushiki.jp/）「届書様式（記入例）」を確認するとよい。

加入者等運営管理機関変更届

事務処理センター用　拠

国民年金基金連合会

届書コード
04101

身元確認書類（運転免許証、パスポート、マイナンバーカード等）のご提示をお願いします。
届出者自ら署名する場合、身元確認書類の提示は不要です。

基礎年金番号	氏	名	生年月日	性別
1234-567890	フリガナ ネンキン 年金	イチロウ 一郎	⑤昭和 7:平成　49年10月06日	①男 2:女

住所
フリガナ
〒 102－0072　連絡先電話番号（03 － 1234 － 5678）
東京 ㊥道府県　郡 ●● 市㊀町村 ■▲ 1-2-3

		登録番号	名称
変更前	運用関連運営管理機関	0000000	○○銀行（株）
	記録関連運営管理機関	1111111	△△キーピング（株）

		登録番号	名称
変更後	運用関連運営管理機関	2222222	□□銀行（株）
	記録関連運営管理機関	3333333	◎◎キーピング（株）

運営管理機関の変更は、年金資産を一度現金化する必要があるため、運用商品の現金化に伴うコスト等がかかり、商品によっては元本割れの可能性もあります。

ご記入の際は、必ず「記入要領」をご参照ください。

6日目

実践！
新NISA制度と
iDeCoの活用法

NISAとiDeCoについて理解できたら、２つのしくみを上手に活用して資産を増やす方法を学んでいきしょう。
併用する場合は、予算・年代・流動性を考慮して組み合わせることがポイントです。
他にも、お得な情報収集の方法やクレカ積み立てについてもみてみましょう。

6-01 新NISAとiDeCoの上手な使い分け方

税制優遇のあるNISAとiDeCo、どちらを使うべきか迷っています。どのように使い分けを行えばよいでしょうか？

老後資金対策か、それともいつでも現金化できるような運用で行っていくのか。どちらを重視するかで使い分けは変わってきます

■老後資金対策ならiDeCo、流動性重視ならNISA

NISAとiDeCoのどちらを優先して運用したらいいか？

特に自営業の方の場合、iDeCoでは**年81万6,000円まで利用できる**ため、**NISAとあわせて年間で最大441万6,000円の利用が可能**となります。

しかし、これだけの金額を投資に向けるのは一般的には高額だと言えます。

それでは、どちらに重きをおいて使い分ければよいでしょうか。

強制的に老後資金を構築したい場合には、**iDeCoを中心に運用**を行うべきです。

ただし、iDeCoでは原則として60歳以降しか引き出しができませんので、手元の資金で普段の生活ができるようにしなければなりません。

一方、ある程度計画的に運用ができるものの、**何かあった場合には売却し現金化すること**で対応するようにしていきたいというお考えの場合には、**NISAを中心に運用**すべきです。

新NISAではいつ売却しても非課税の恩恵が受けられますし、売却後早ければ2日後には現金に換えることができます。

併用する場合は予算・年代・流動性を考慮して組み合わせる

例えば、40～50代の方の場合で、子供の教育費も一段落し、老後資金を本格的に構築したいといった場合には、iDeCoを中心に検討しましょう。収入が多いほど節税効果も期待できるからです。

20代の場合、それぞれ月々1万円ずつといったコツコツ投資を行い、余裕ができたらいずれかの投資金額を増やしていく方法でもよいでしょう。

新NISAとiDeCoの使い分け

- 強制的に運用したい
- 手元にあるとお金を使ってしまう
- 老後資金を構築したい
- 節税を中心に考えたい

↓

こうした考え方が強い方は、iDeCoを中心に検討しましょう

- いつでも現金化できるようにしたい
- 株式に投資したい
- 短期売買中心に考えたい
- 収入は少ないが投資できる金額を多く持っている

↓

こうした考え方が強い方は、NISAを中心に検討しましょう

6-02 資産をどう配分させるか？

資産配分（アセットアロケーション）をどう組み合わせるかで迷っています。どのような商品を組み合わせていけばいいでしょうか？

一般的な組み合わせとしては、株式、債券などを均等に組み合わせる方法が考えられます。リスク許容度によって比率を変更し運用していきましょう

■ 国内債券、外国債券、国内株式、外国株式を均等に

一般的に、株や債券、不動産などの資産をどう配分させるかを**アセットアロケーション**といいます。また、具体的な銘柄の配分、保有割合を**ポートフォリオ**といいます。

これをどう構築していくかは、**年収、資産状況、投資に対する考え方、年齢**などによって異なってきます。

一般的には、若年世代ほど時間を味方につけた積極的な運用ができ、歳を重ねるにつれてリスクを減らし、現預金などの比率を高めていくといったスタイルが無難です。

そこで、一つの考え方として、公的年金の財源となる資金を運用する**GPIF**（年金積立金管理運用独立行政法人）の**基本ポートフォリオ**を参考にしていきます。

GPIFでは、年金積立金の運用目標を賃金上昇率＋1.70％としています（2023年現在）。そのために、**国内債券、外国債券、国内株式、外国株式にそれぞれ25％ずつ運用**することを基本ポートフォリオとしています。

このように均等にバランスよく配分し、どれかが下がってもどれかが上がることで対応できるようにしているのです。

もちろん、もっと積極的に増やす視点を重視したい方は、株式の比率を高めることも検討できます。

なお、**NISAとiDeCoで配分を変える**といった戦略もあってよいでしょう。

老後資金を構築する**iDeCoはGPIFのように均等のポートフォリオを基準にする。NISAは株式を中心にしつつ不動産（REIT）なども取り入れてリスクヘッジ**しましょう。

いずれにせよ、最終的に増えていないと意味がありません。

また、当初決めた比率から、年齢を重ねるにつれて債券や預貯金重視にしていくなど、見直しも検討していくべきです。

GPIFの基本ポートフォリオの考え方

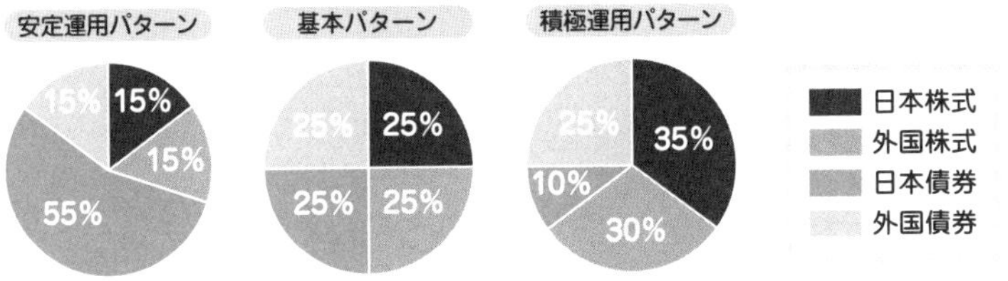

（参考）
GPIF（年金積立金管理運用独立行政法人）の基本ポートフォリオ

第4期中期目標期間（2020年4月1日からの5カ年）における基本ポートフォリオ

変更前

	国内債券	外国債券	国内株式	外国株式
資産構成割合	35%	15%	25%	25%
乖離許容幅	±10%	±4%	±9%	±8%

変更後

		国内債券	外国債券	国内株式	外国株式
資産構成割合		25%	25%	25%	25%
乖離許容幅	各資産	±7%	±6%	±8%	±7%
	債券・株式	±11%		±11%	

6-03 世界全体へ投資する、成長する国に投資する

日本の少子高齢化や国の財政問題に不安を感じています。どこに投資すべきでしょうか？

日本の上場企業の多くは海外の売上比率も高まっており、そこまで心配する必要もないのではないでしょうか。不安であれば、世界全体に投資したり、高成長国への投資を検討しましょう

NISAの非課税枠をうまく活用したいなら高成長国や高成長企業に投資する

日本の少子高齢化に不安、公的年金もあてにならない、そうした不安が確かにあるかもしれません。

しかしながら、インバウンド需要などにより日本経済はカバーできる点、海外の売上が50％を超える上場企業もあり、個別の企業を見た場合にはそこまで不安になる必要はありません。

こうした海外の売上比率の高い企業に投資を行うといった方法も検討できますし、**世界の企業に丸ごと投資する**ことで世界の成長の果実を受け取るといった方法は**中長期投資では有効**になると考えます。

新興国は株価の変動は大きい

新興国の勢いに投資したい方は、新興国中心に高成長を遂げる国への投資に比重をおきましょう。

海外の売上比率の高い会社や、新興国投資などはどうしても**株価変動**が大きく、ハイリスク・ハイリターンとなります。しかし、中長期で均して考えると収益率の平均は良かったりします。

そのため、多少の上げ下げは気にせず、時間分散として積立投資、地域分散として新興国も複数に分けるなど運用を行っていくべきです。

最終的に高パフォーマンスが実現できれば、NISAの非課税枠を利用した恩恵が大きくなります。

リスクの取れる方は、**NISAでは株式中心**に、**iDeCoでは投資信託中心**に中長期的な運用を行うことでリターンが大きくなる可能性があります。

IMFの「**世界経済の見通し**」などを確認し、順調に世界経済が成長しているか、新興国の成長率が低下してきていないかどうかなども確認しながら、目線を海外に向けることも検討されてはいかがでしょうか。

IMF(国際通貨基金）では、毎年世界経済の見通しを公表している。世界経済がどんな状況か、各国の成長率の見通しなどを確認する際に活用できる。運用の見直し時にも活用するとよい。

世界経済見通し(WEO)による最新の成長率予測

(実質GDP、年間の変化率、%)	2022	予測 2023	予測 2024
世界GDP	3.5	3.0	3.0
先進国・地域	2.7	1.5	1.4
米国	2.1	1.8	1.0
ユーロ圏	3.5	0.9	1.5
ドイツ	1.8	-0.3	1.3
フランス	2.5	0.8	1.3
イタリア	3.7	1.1	0.9
スペイン	5.5	2.5	2.0
日本	1.0	1.4	1.0
英国	4.1	0.4	1.0
カナダ	3.4	1.7	1.4
その他の先進国・地域	2.7	2.0	2.3
新興市場国と発展途上国	4.0	4.0	4.1
アジアの新興市場国と発展途上国	4.5	5.3	5.0
中国	3.0	5.2	4.5
インド	7.2	6.1	6.3
欧州の新興市場国と発展途上国	0.8	1.8	2.2
ロシア	-2.1	1.5	1.3
中南米・カリブ諸国	3.9	1.9	2.2
ブラジル	2.9	2.1	1.2
メキシコ	3.0	2.6	1.5
中東・中央アジア	5.4	2.5	3.2
サウジアラビア	8.7	1.9	2.8

まずは世界全体の成長率(予測)を確認する。

新興国など興味のある国・地域の成長率を確認する。予測通りの成長率を保てない場合は運用の見直しも検討する。

(出所)IMF「世界経済の見通し(2023年7月改訂版)」

6-04

予算に合わせた新NISA制度 つみたて重視派

30代男性で年間での投資予算が60万円です。どのように新NISAを利用していけばよいでしょうか？30年ぐらい資産運用ができたらと考えています

毎月5万円のつみたて投資はいかがでしょうか？または、毎月3万円のつみたてに、ボーナス時期の年2回は追加で12万円ずつ投資してみてはいかがでしょうか

■毎月5万円、30年継続で投資枠を使い切る

中長期的な資産形成を目指す場合に、継続してコツコツと資産運用額を増やしていきたい方におすすめなのが、つみたて投資のみで新NISAの投資枠を使い切ることです。

例えば、年間での**投資予算が60万円**の方の場合、毎月5万円ずつ投資していく方法が考えられます。

毎月5万円が難しいという方は、**毎月3万円ずつ**のつみたて投資を行い、年2回の**ボーナス時期に12万円ずつ**追加投資していけば。年60万円の投資が可能です。

これを30年間、根気よく続けていけば新NISAの投資枠の上限である1,800万円を利用することができます。

もちろん、無理に上限まで利用する必要はありません。毎月2万円を30年継続しても720万円の投資金額となります。

継続は力なりです。時間分散を行い、複利効果も生み出し、資産が増加していく可能性は十分あります。

全世界株式の投資信託で運用

中長期的に見て世界は年3％程度の成長が見込まれています。

世界全体に投資ができる投資信託として「**eMAXIS Slim 全世界株式（オール・カントリー）**」や「**たわらノーロード全世界株式**」での継続運用はいかがでしょうか。

いずれも日々の管理費用である信託報酬が低く、中長期的な資産形成に向いている投資信託となっており、時間分散を図りながら継続的なつみたて投資を実践されるとよいでしょう。

中長期的な積立投資として活用できるおすすめの投資信託

❶ eMAXIS Slim 全世界株式（オール・カントリー）

MSCI オール・カントリー・ワールド・インデックス（配当込み、円換算ベース）に連動する投資成果をめざして運用を行います。2023年3月末現在で、先進国に89.1%、新興国に10.9%の投資配分となっています。地域分散もできています。なお、原則として、為替ヘッジが行われません。そのため、円高傾向にある場合は為替損失が発生する可能性があるものの、中長期的な世界の成長の果実を受け取っていくことを考えると、十分カバーできるのではないかと考えます。

信託報酬（運用管理費用）は、日々の純資産総額に対して、年率0.05775%（税抜 年率0.0525%）以内をかけた額となっています。

（参考）eMAXIS Slim 全世界株式（オール・カントリー）　投資信託説明書（交付目論見書）
https://itf.minkabu.jp/fund/0331418A/deliver_book

❷ たわらノーロード全世界株式

MSCIオール・カントリー・ワールド・インデックス（円換算ベース、配当込み、為替ヘッジなし）に連動する投資成果をめざして運用を行います。購入時および換金時に手数料がかかりません。こちらも原則として、為替ヘッジは行われません。信託報酬は、2023年7月12日現在で年0.1133%（税込）となっています。

（参考）たわらノーロード 全世界株式　投資信託説明書（交付目論見書）
https://itf.minkabu.jp/fund/47312197/deliver_book

事例

年120万円の予算で、10年間で成長投資枠上限の1,200万円を使い切る

❶複数の株式に分散投資する（業種分散、時間分散、地域分散などを考慮）

❷配当利回りの高い企業をピックアップ（四季報などを活用して年4%以上の企業をピックアップ）

❸その中で業績のよい企業を探す

配当利回りが高く、今後も高配当が継続できると想定される一例

東証PRM

6539 サービス業

(株)ＭＳ－Ｊａｐａｎ

リアルタイム株価 15:00

1,113

前日比 -16 (-1.42%)

ポートフォリオに追加

参考指標

時価総額 用語	28,896百万円 (15:00)
発行済株式数 用語	24,996,600株 (11/02)
配当利回り（会社予想） 用語	4.84% (15:00)
1株配当（会社予想） 用語	56.00 (2024/03)
PER（会社予想） 用語	(連)20.67倍 (15:00)
PBR（実績） 用語	(連)3.00倍 (15:00)
EPS（会社予想） 用語	(連)55.93 (2024/03)
BPS（実績） 用語	(連)385.30 (2023/03)
最低購入代金 用語	115,600 (15:00)
単元株数 用語	100株
年初来高値 用語	1,233 (23/09/26)
年初来安値 用語	951 (23/04/06)

※参考指標のリンクは、IFIS株予報のページへ移動します。

リアルタイムで表示

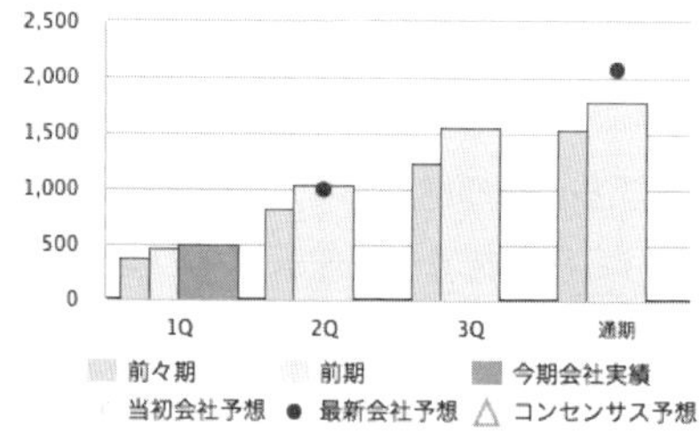

直近実績（百万円）

経常利益（1Q）	501
進捗率	24.2%

出典：Yahoo!ファイナンス　https://finance.yahoo.co.jp/quote/6539.T

6-05 リスク許容度の高い方向けの新NISA制度活用法

リスクを取ってもよいので積極的に新NISAを活用したいと考えています。どうすればよいでしょうか？

年240万円の成長投資枠では積極的な株式運用を、年120万円のつみたて投資枠では新興国投資を行ってみてはいかがでしょうか

年360万円の投資枠をフル活用する

成長投資枠で中小型株を狙う

余裕資金が数千万円以上あり、リスクを取ってでも非課税枠をうまく活用したい。そうした方の場合には**年240万円の成長投資枠を使って積極的な株式運用**を検討します。

この場合の株式は、**中小型株**の中から厳選し、中長期的に**高パフォーマンス**が狙えるものを選定します。

例えば、将来性が期待でき、売上高が100億円以下の企業から高成長が期待できる企業を選定します。

一つの方法として、IPO後に株価が暴落してはいるものの、成長力がある企業を下値で買い集めていく方法が考えられます。

昨今のIPOでは、**上場後の初値が高値でそこから急落**するケースが多々見られます。IPO後おおよそ2〜6ヶ月下落し続けており、その後株価は横ばいとなり低迷しているといった株式を探すのです。

その後、業績が明確になり成長が続く企業は株価が上昇するケースが見られます。下落後に突然大きく上昇する企業も過去何社もありました。

そうした**お宝銘柄を探し投資する**と、思わぬパフォーマンスが得られる可能性があります。

つみたて投資枠も120万円フル活用

年120万円のつみたて投資枠では、**新興国への投資**を検討します。

例えば、新興国全体に投資する、三菱UFJ国際投信が運用する「**eMAXIS Slim 新興国株式インデックス**」はいかがでしょうか。

信託報酬も年0.1859％以内と低く、新興国の高成長の恩恵を受けられる可能性があります。

上記はあくまで積極的な運用をする場合です。ハイリスクな投資ですから、リスクを軽減したいのであれば、複数の株式や投資信託に分散するなど分散投資も心掛けるようにしてください。

❶ 年240万円の成長投資枠をフル活用

投資例

- IPO後、数ヶ月間株価が下落しているものの中長期的に期待できる銘柄に投資する。
- IPOの抽選に応募し、当選した株式はIPO時の初値で売却する

❷ 年120万円のつみたて投資枠をフル活用

投資例

- 新興国への投資を検討する。
  信託報酬の低い、三菱UFJ国際投信が運用する「eMAXIS Slim 新興国株式インデックス」を積立投資する。

ファンドの特色

MSCIエマージング・マーケット・インデックス（配当込み、円換算ベース）と連動する投資成果をめざして運用を行う。原則として、為替ヘッジは行わない。2023年3月末現在で、中国32.7%、台湾15.2%、インド13.0%、韓国11.9%などとなっており、中国の投資比率が高い点に特徴がある。

（参考）eMAXIS Slim 新興国株式インデックス　投資信託説明書（交付目論見書）

6-06 年齢別、iDeCo活用法

20代の会社員です。iDeCoで老後資金構築を検討していきます。どのような投資信託を買っていけばよいですか？

20代は長期分散投資を実践していきましょう。ここでは、SBI証券（セレクトプラン）をもとにおすすめの資産配分を解説します

積極的な運用も検討しよう

20代はeMAXIS Slimシリーズで分散投資

20代で老後資金構築を考えた場合、積極的な運用を行うことが可能です。次の4つの投資信託への分散を検討してみてはいかがでしょうか。

- **eMAXIS Slim先進国株式インデックス（日本を除く先進国に投資）**
- **eMAXIS Slim国内株式（TOPIX）（日本株式に投資）**
- **eMAXIS Slim新興国株式インデックス（新興国に投資）**
- **eMAXIS Slim先進国債券インデックス（先進国債券（日本を除く）に投資）**

この4つは、信託報酬が安く、過去の運用実績が比較的よいこと、積極運用で株式主体としつつも、先進国債券で何かあった場合の備えもしておくためです。

4つ均等に保有するといった方法でもよいですが、さらに積極的に運用したいといった場合には、株式の配分を多くしてみてはいかがでしょうか。

例えば、**先進国株式2：国内株式2：新興国株式1：先進国債券1**といった具合です。

先進国株式や国内株式を主体として、安定的な運用を目指しつつも、新興国株式を組み入れて**長期的なリターン拡大**を目指していきます。

株式に投資しつつも債券も重視したい場合

先進国株式1：国内株式1：新興国株式1：先進国債券2といった配分がよいでしょう。積極的な運用を行いつつ、ある程度債券でリスクヘッジをはかります。

先進国株式と債券重視の場合

新興国株式を除いて、**先進国株式1：国内株式1：先進国債券2**といった配分でもいいでしょう。

こうした配分は、皆さんのリスク許容度によって異なってきます。

また、NISAなど他の資産運用における配分も偏りのないように考慮すべきです。

非課税メリットを最大限活かしたい場合は、20代はiDeCoの運用はすべて投資信託とし、リターンを最大限高めていくことがよいと考えます。

SBI証券（セレクトプラン）でiDeCoを運用する場合のおすすめの投資信託

❶ eMAXIS Slim先進国株式インデックス
信託報酬年0.09889%、5年積立収益率62.64%

❷ eMAXIS Slim国内株式（TOPIX）
信託報酬年0.143%、5年積立収益率39.89%

❸ eMAXIS Slim新興国株式インデックス
信託報酬年0.1518%、5年積立収益率23.47%

❹ eMAXIS Slim先進国債券インデックス
信託報酬年0.154%、5年積立収益率11.75%

20代では、この4つの配分をどうするか検討してみよう。

SBI証券以外でこの4つの取り扱いがない場合には、似たようなインデックス投資信託を探し、信託報酬の低いものを選定してみよう。運用実績も比較してみよう。

※今後さらに信託報酬の低いものなど魅力ある投資信託が登場する可能性もあります。

50代の会社員です。iDeCoで老後資金対策を行っていますが、今後どのような投資信託を買っていけばよいですか？

50代以上の方の場合、既に運用されている方は特に、預金比率を高くする、債券中心の運用とするなど保守的な配分で運用していくべきでしょう。ここでは、野村證券のiDeCoをもとに、おすすめの資産配分を解説します

■50代以上は出口戦略を考えて保守的に運用

50代以上になってくると、退職や老後が近づいてきます。この世代では、iDeCoのみで考えるより、全体の資産の中でどう配分をしていくかを考えるべきです。

例えば、まとまった預貯金がある程度あり、リスクをとった運用をiDeCoのみで行うといったことも可能です。

年々リスクは軽減していきたいといったご希望の場合は、バランス型ファンドの中でもターゲットイヤー型のものに投資するといった方法も可能です。

まったくリスクを取らず、節税重視ならば預金重視でもよいでしょう。

野村證券のiDeCo運用商品の中で50代以上におすすめの商品には、次のようなものがあります。

- **マイターゲット2030（確定拠出年金向け）**
- **マイバランスDC30**
- **セブン銀行確定拠出年金専用定期預金５年**

マイターゲット2030は、2030年をターゲットイヤーとし、その5年前である2025年7月に近づくに従い、リスクの軽減を図る投資割合へと変化させていくファンドです。

マイバランスDC30は、国内債券の基本投資比率を55%とし、比較的リスクを抑えた運用を行います。

節税中心でリスクを取らない場合や目標金額に達成し着実に老後資金を構築したい場合には、**セブン銀行確定拠出年金専用定期預金５年**を利用して受給開始まで待つといった選択肢がよいでしょう。

例えば、多少のリスクはとってもよいのであれば、マイターゲット30を中心に、リスクをあまりとりたくないものの多少は増やしたいといった方はマイバランスDC30を中心に検討されてはいかがでしょうか。

あとは定期預金と組み合わせて、安心した老後を迎えられるような資産形成を目指していきましょう。

野村證券でiDeCoを運用する場合のおすすめの投資信託

❶ マイターゲット2030（確定拠出年金向け）

信託報酬年0.242%、５年積立収益率15.13%

❷ マイバランスDC30

信託報酬年0.154%、５年積立収益率11.61%

❸ セブン銀行確定拠出年金専用定期預金５年

信託報酬なし、金利年0.01%

50代以上では、状況に応じて❶または❷と❸の組み合わせを検討してみよう。なお、現預金が多くあり、できる限り節税を活かしながら運用時非課税のメリットを活かしたい場合には、iDeCoでは積極的な運用（例：日本株式、外国債券型の投資信託など）を行うことも可能である。

野村証券以外でこの3つの取り扱いがない場合には、似たようなターゲットイヤー型の投資信託や定期預金などを探し、信託報酬の低いものを選定してみよう。

❶❷ともに比較的リスクを抑えた運用が可能であり、信託報酬が低い点から選定した。❸の預貯金はリスクをまったくとらずに運用したい、目標金額に到達したので確実に老後資産を確保したい場合に活用していこう。

※実績（5年積立収益率）は、2023年8月時点を示している。あくまで実績であって将来の運用パフォーマンスを保証するものではありません。
※あくまで一例として野村證券のケースを示したものであり、野村證券自体を推奨しているわけではありません。どこを選択するかは最終的にご自身でお決めいただく必要があります。

6-07 6ヶ月から1年に1回程度は見直しを行おう

iDeCoやNISAにおいて、当初決めた構成比率を継続して行いたい場合、どうすればよいでしょうか？

株価上昇等により、構成比率が崩れることがあります。そうした場合にはリバランスを行います。目安ですが6ヵ月～1年に1回程度、見直しを行ってみましょう

■ リバランスで同じ構成比率を定期的に見直そう

投資を始めると決めたら、まずどの資産（株・債券・不動産等）に投資するか決め、さらに、それぞれの資産でも具体的な銘柄の比率を決めます。

そしていざ運用を開始していくと、購入した商品の価格が変わって、当初決めた比率から徐々に乖離していくといったことが生じます。

こうした場合に検討したいのが**リバランス**です。

リバランスとは、**構成するポートフォリオの内容をそのときの状況にあわせて最適化**するものです。

当初決めた配分へ戻すように売買することもあれば、今後の経済情勢を見据えて、配分を変更することもあります。

世界経済情勢が不安定な状況ではあるものの、世界全体では経済成長を遂げているとします。

そのため、安定感を重視した株式投資信託に投資する内訳として、グロース株投資とバリュー株投資の**構成比率を20:80**にしたとしましょう。

その後、世界経済は比較的安定し、株式市況も明るくなったことから、グロース株の株価が大きく値上がりし、グロース株投資とバリュー株投資の比

率が変動し、20:80が30:70へと配分が変わりました。

この際に、グロース株の上昇は一時的でありインフレ懸念等で再度下落すると考えるなら当初の比率へ戻すよう**グロース株を売却し20:80に戻します**。

上昇相場とみなせばグロース株比率を高める

一方、上昇相場に入ったと見なせるならば、比率を変更し50:50などの配分とし、グロース株の保有比率を高めます。

元の比率に戻すか、思い切って配分を変更するかはその時々の状況で異なるものの、機械的に元の比率に戻していくほうがパフォーマンスが良かったりするケースも多々あります。

おおよその目安ですが、6ヶ月から1年に1回程度、こうした見直しを行い、運用結果を検証していくとよいでしょう。

6ヵ月から1年に1回程度は見直しを行おう

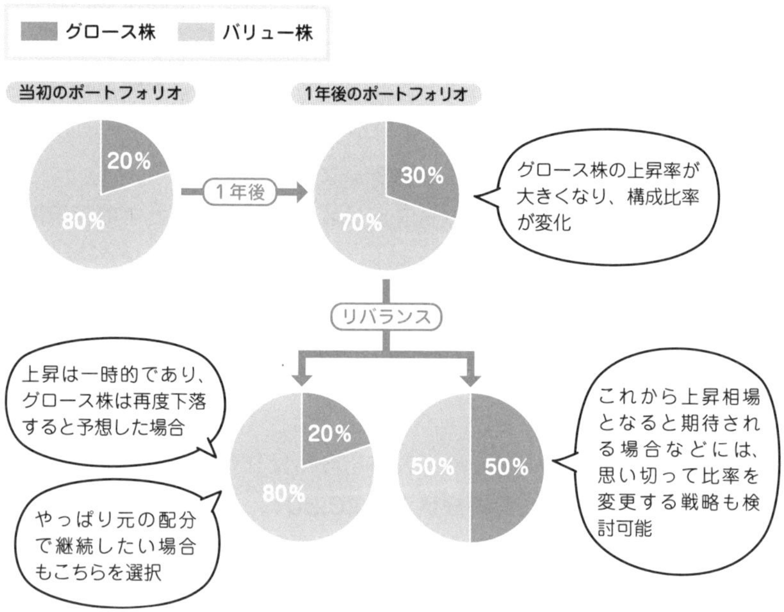

6-08 購入時のお得なテクニック

口座に入金して投資する以外に、お得な投資の方法はありますか？

最近ではつみたて投資においてクレジットカード決済ができるケースが出てきています。
各種ポイントを用いた投資も行えるようになってきています。上手に活用しましょう

■クレカ積立による投資信託購入でポイントゲット

投資信託購入時にクレジットカードを使うと**ポイントがもらえる**というものもあります。

証券口座に入金し購入する場合は、こうしたポイントが基本的に得ることができませんが、クレジットカードを利用するとポイントが貯められるため、お得な投資方法として活用されています。

クレジットカードが利用できる条件としては、毎月一定額を継続的に積立投資すること、**翌月一括払いで月々10万円まで**（証券会社によっては月5万円まで）の投資信託の購入となっています。

最初にクレカ積立のサービスをはじめたのは、2018年8月開始の丸井グループのtsumiki証券で、その後、楽天証券、SBI証券、auカブコム証券、マネックス証券と次々と参入しています。

NISAのつみたて投資枠でもクレカ積立は可能であるため、ぜひ増やすという視点だけではなくポイントをゲットする視点も取り入れるとよいでしょう。

ポイントでの投資信託購入も検討してみよう

もう一つ、ポイント投資を行うことも検討してみましょう。

クレジットカードのポイントが貯まっているものの、特に使い道がないといった場合に有効です。**ポイントを使って株式や投資信託の購入**を行います。

一般的に100円からポイントを使って投資ができるため、少額でも利用可能な点がメリットです。

ただし、NISA制度ではポイントを使って投資できないケースが多く、つみたて投資においてポイントが利用できないケースが多い点には注意してください。

ポイント投資は、楽天証券（楽天ポイント）、SBI証券（Vポイント）、LINE証券（LINEポイント）、auカブコム証券（Pontaポイント）などで利用できます。

こうしたポイントを集めている方は、ポイント投資の目線から口座開設をどこで行うかを検討するのもよいでしょう。

●クレカ積立の例

	投資対象	毎月の積立可能額	積立額に対して得られるポイント	ポイント還元率
SBI証券・三井住友カード	投資信託	100円～50,000円	Vポイント	一般カード 0.5% ゴールド 1% プラチナリファード 5%
楽天証券・楽天カード	投資信託	100円～50,000円	楽天ポイント	楽天カード 0.5% 楽天ゴールド 0.75% 楽天プレミアム 1%
auカブコム証券・au PAYカード	投資信託	100円～50,000円	Pontaポイント	1%
マネックス証券・マネックスカード	投資信託	1,000円～50,000円	マネックスポイント	1%
Tsumiki証券・エポスカード	投資信託	100円～50,000円 ※2024年から上限100,000円	エポスポイント	1年目 0.1% 2年目 0.2% 3年目 0.3% 4年目 0.4% 5年目以降 0.5%

※2023年9月現在。今後各社において毎月の積立投資額の上限が変更される可能性があります。

6-09 無料で見られる参考となる投資情報の確認

できるだけ余分なコストをかけずに、割安な銘柄を探したいです。何か活用できる投資情報はありますか？

無料の投資情報でも十分役に立ちます。日本株式を中心に、ヤフーファイナンスを活用してみてはいかがでしょうか

■Yahoo!ファイナンスやネット証券の情報を活用する

できるだけコストをかけずに投資情報を得たい、そんな場合に活用できるのが**Yahoo!ファイナンス**です。

84ページで紹介した会社四季報のWebサイトは、詳細な情報を見ようとすると有料のため、ためらう方もいると思います。

ヤフーファイナンスでは、日経平均株価はもちろん個別株式などの株価情報、PERや配当利回りなどの投資指標などを確認することが可能です。

また、掲示板を活用することで、他の投資家がどう考えているのか、感情を垣間見ることもできますし、投資家同士での意見交換にも役立ちます。

ただし、意見の言い合いがヒートアップして炎上していることもありますので、少し距離を置いて冷静に状況を探るようにしましょう。

なお、Yahoo!ファイナンスのデメリットとして、**20分遅れて株価の更新**などが行われる点を挙げておきます。

ネット証券のWebサイトやアプリが便利

実際の株価の状況や発注は、ネット証券のWebサイトやアプリから行いましょう。

ネット証券の場合、株価情報、株式ニュースはもちろん、四季報の情報や各種投資指標なども無料で確認できます。

また、各企業の開示情報なども一覧で確認可能です。Yahoo!ファイナンスとは異なる投資情報も確認できることでしょう。

無料で見られる参考となる投資情報の確認

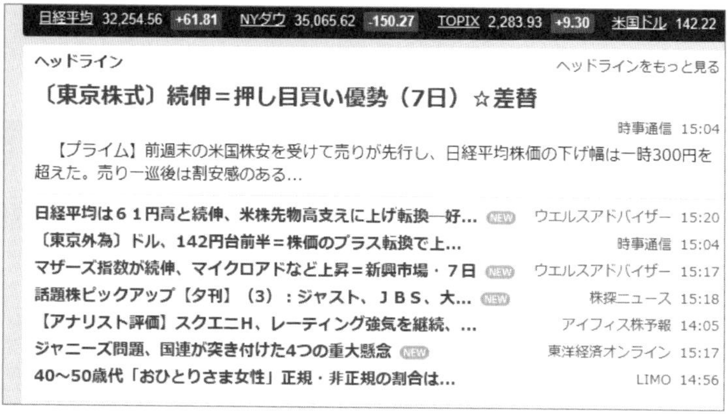

日経平均 32,254.56 +61.81　NYダウ 35,065.62 -150.27　TOPIX 2,283.93 +9.30　米国ドル 142.22

ヘッドライン　ヘッドラインをもっと見る

〔東京株式〕続伸＝押し目買い優勢（7日）☆差替

時事通信 15:04

【プライム】前週末の米国株安を受けて売りが先行し、日経平均株価の下げ幅は一時300円を超えた。売り一巡後は割安感のある…

日経平均は６１円高と続伸、米株先物高支えに上げ転換―好… NEW　ウエルスアドバイザー 15:20

〔東京外為〕ドル、142円台前半＝株価のプラス転換で上…　時事通信 15:04

マザーズ指数が続伸、マイクロアドなど上昇＝新興市場・７日 NEW　ウエルスアドバイザー 15:17

話題株ピックアップ【夕刊】（3）：ジャスト、ＪＢＳ、大… NEW　株探ニュース 15:18

【アナリスト評価】スクエニH、レーティング強気を継続、…　アイフィス株予報 14:05

ジャニーズ問題、国連が突き付けた4つの重大懸念 NEW　東洋経済オンライン 15:17

40～50歳代「おひとりさま女性」正規・非正規の割合は…　LIMO 14:56

Yahoo!ファイナンスのヘッドラインを確認し、その時々の株価状況、ニュースを確認する。

何か投資材料となるものがないか確認する。

より細かい内容に関しては、ネット証券の口座内情報を確認するとよい。

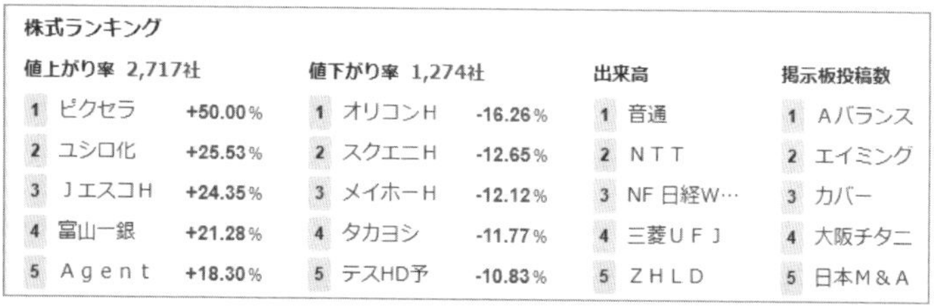

株式ランキング

値上がり率 2,717社			値下がり率 1,274社			出来高		掲示板投稿数	
1	ピクセラ	+50.00％	1	オリコンH	-16.26％	1	音通	1	Aバランス
2	ユシロ化	+25.53％	2	スクエニH	-12.65％	2	ＮＴＴ	2	エイミング
3	ＪエスコH	+24.35％	3	メイホーH	-12.12％	3	NF 日経W…	3	カバー
4	富山一銀	+21.28％	4	タカヨシ	-11.77％	4	三菱ＵＦＪ	4	大阪チタニ
5	Ａｇｅｎｔ	+18.30％	5	テスHD予	-10.83％	5	ＺＨＬＤ	5	日本Ｍ＆Ａ

株式ランキングを見て、その日何が買われ、何が売られたかを確認する。掲示板投稿数が多い企業は、IRなど公表されている場合が多い。確認することで何か今後のヒントを得られるかも。なお、掲示板やニュースに飛びついて売買するとやけどする可能性があるため要注意。

出典：Yahoo!ファイナンス - 株価・最新ニュース

上場企業の決算やIRなどをいち早く知るにはどうしたらよいでしょうか？

各企業のホームページから確認するほか、まとめて確認したい場合には日本取引所グループの適時開示情報閲覧サービスが役に立ちます。無料で日々の最新の情報が確認できますよ

■決算情報などはいち早く確認すべし

NISAで上場株式を買ったものの、その企業の今後の決算の状況が気になる、M&Aなど臨時の情報があった場合にいち早く知りたいという場合の企業情報はどのように入手すればよいのでしょうか。

まずは、IR情報をみよう

確認したい企業が決まっている場合には、**上場企業各社のホームページを確認**しましょう。

IR情報を見ることで、決算情報の他に主要株主や代表取締役の異動など最新の情報を確認できます。

また、決算発表のスケジュールがお知らせに掲載されていることがあり、いつ決算情報が出るのかも確認できます。

複数の会社を見る場合、適時開示情報閲覧サービス

日本取引所グループの適時開示情報閲覧サービスでは、東京証券取引所の他、名古屋証券取引所、福岡証券取引所、札幌証券取引所に上場する企業が開示した、投資判断上重要な情報をまとめて確認できます。

公開日ごとやキーワードを用いた検索もできますので、知りたい会社を探すのにも活用できますし、その日に公表された情報をまとめて確認することもできます。

特に、短期売買を行う場合には、情報が公開された後に株価が大きく変動する可能性があるため、いかに情報を先に読みこなし投資していくかが重要なポイントとなり得ます。

中長期投資の方は、夜など時間の取れる時にまとめて情報を確認し、その後の投資に活かしていくのでもよいでしょう。

証券取引所の取引が終了する15時や15時30分以降に情報が公開されるケースが多くなっています。決算発表時などにはぜひご活用ください。

無料で見れる参考となる投資情報の確認

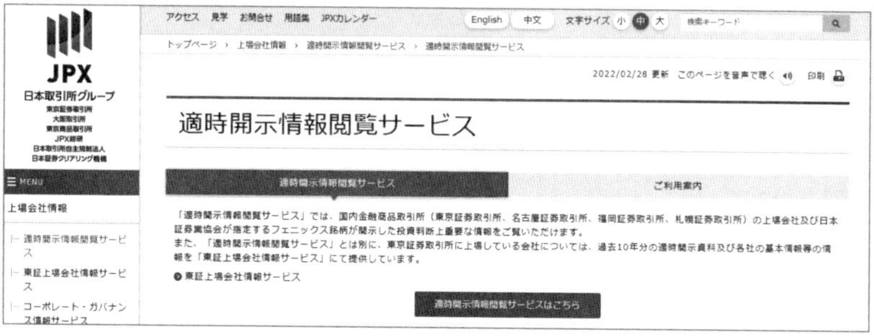

日本取引所グループの「適時開示情報閲覧サービス」では、日々企業が公表する投資判断上重要となり得る情報が確認できる。

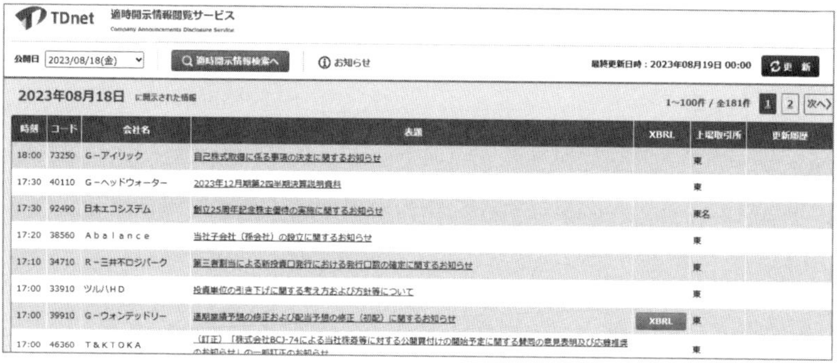

「適時開示情報閲覧サービスはこちら」部分をクリックすると、公開日ごとに公表された情報を確認することができる。
適時開示情報閲覧サービスでは、1ヶ月前までの情報を確認することが可能。

6-10 資産運用セミナーなどで学習する

投資初心者のため、投資に関するセミナーに参加して学習したいです。オンラインも含め、無料で勉強できるセミナーを教えてください

日本証券業協会では、はじめての資産運用講座などセミナーを開催しています。この他、オンラインでは、日本取引所グループなどでもセミナーを開催しています

■投資初心者のためのセミナーは数多く開催されている

投資初心者向けの資産運用セミナーは全国で数多く開催されています。その中でもおススメなのが、日本証券業協会と日本取引所グループのセミナーです。

日本証券業協会では、各地域において「**はじめての資産運用講座**」などの**資産運用セミナー**を募集しています。

その時々によりますが、対面でのセミナーとオンライン配信があります。

また、セミナーの前にお金の基本が知りたい方のために、日本証券業協会「**投資の時間**」のWebサイトにおいて、様々なお金や資産運用に関連する解説が行われていますので、併せて利用するとよいでしょう。

日本取引所グループでは、オンラインによるセミナーが開催されています。

新NISAに関するセミナーはもちろんのこと、夏休みなどには親子で学ぶ経済教室、J-REITなどの金融商品に関する解説などのセミナーもその時々で開催されています。

アーカイブで見ることができるものもあるので、過去の開催されたセミナーで興味があるものがあった場合は、オンラインで配信中のものを見てみるとよいでしょう。

証券会社や銀行でもセミナーは開催されていますが、勧誘などはちょっと…という方は、こうした公的機関が開催するセミナーに足を運んだり、視聴されてみてはいかがでしょうか。

本書とあわせてこうしたセミナーを活用することで、一層投資に関する知識を吸収し、実践で役に立てることができることでしょう。

資産運用セミナーなどで学習する

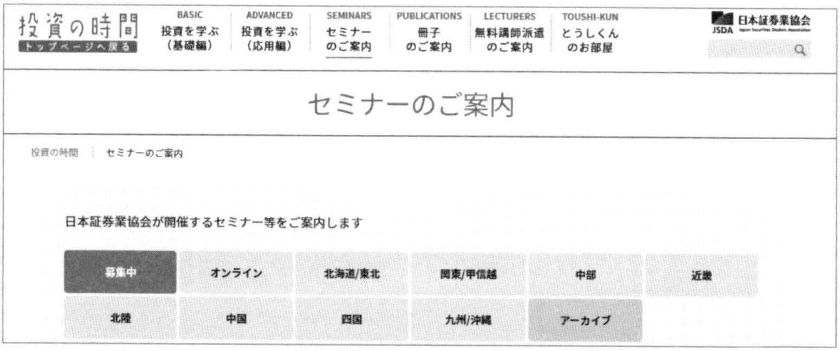

日本証券業協会「投資の時間」ホームページでは、セミナーの案内が掲載されている。お近くで、またはオンライン、アーカイブでセミナーがないかどうか探してみよう。

出典：投資の時間　日本証券業協会（https://www.jsda.or.jp/jikan/seminar_info/）

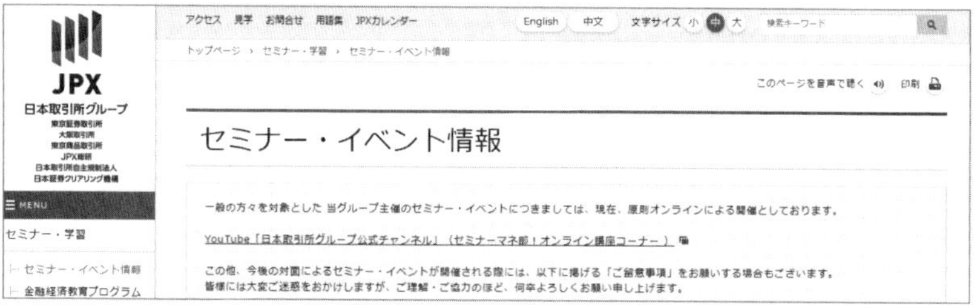

日本取引所グループでは、原則、オンラインでのセミナーが開催されている。今後、対面でのセミナーやイベントも開催される可能性もある。
まずはオンラインで学習してみよう。

出典：日本取引所グループ（https://www.jpx.co.jp/learning/index.html）

6-11 金融機関が破綻したら、NISA、iDeCoはどうなる？

利用するNISAやiDeCoにおいて、申し込んだ金融機関が破綻したらどうなるのでしょうか？

申し込みの窓口である金融機関（販売会社）が破綻したとしても、預けたお金は信託銀行に移され運用が行われるため、資金がなくなる心配はありません

■ 金融機関が破綻しても預けたお金に影響なし

NISAやiDeCoを申し込んだ金融機関が破綻したら

運用しているお金が戻ってこないのではないか？　そんな心配を抱えては安心して運用を行えないですよね。そこで、金融機関が破綻した場合にどうなるのか解説します。

まず、NISAもiDeCoも販売会社である金融機関を通して運用するお金を預けるものの、そのお金は**信託銀行**に移され、投資信託などの売買は信託銀行で行われることになっています。

そのため、金融機関の破綻により、**NISAやiDeCoの運用資産がなくなる心配はする必要がありません**。

投資信託の運用を行う投資信託委託会社が破綻した場合は？

この場合も、資金は信託銀行に保管され管理されているため全額が保護されます。

iDeCoの場合には、保険商品や定期預金で運用する場合があります。

保険会社が破綻した場合には**生命保険商品は責任準備金等の９割**が、損害

保険商品を選んだ場合には**保険金・返戻金の９割が**補償されます。

金融機関が破綻した場合には、**iDeCoで運用する定期預金は元本1,000万円とその利息までは保証**があります。

それ以上は保護の対象となりません。

また、iDeCoの資産以外にも同じ金融機関で預金がある場合、すべてを合算して1,000万円とその利息までとなるため、iDeCoと通常預金する金融機関を分けることも検討すべきです。

信託銀行が破綻した場合

信託銀行が破綻した場合、投資家の資金は信託銀行自身の資産と分けて管理することが決められているため、**基本的には全額保護**されます。

このように、原則としてNISAやiDeCoの資産は保護されることになります。一般的には金融機関の破綻による心配よりも、運用により減らさない方を重視すべきといえます。

金融機関が破綻したら、NISA、iDeCoはどうなる？

- **NISAの場合**

販売会社、運用会社、信託銀行のいずれが破綻しても運用資産に影響はない。
そのため、投資信託に関しては運用による目減りをしないように分散投資などリスクヘッジを図っていく必要がある。
株式に投資した場合、投資した企業が破綻した場合には株価は１円へと下落していくことになる。銘柄選びを重視しなければならない。

- **iDeCoの場合**

販売会社、信託銀行のいずれが破綻しても運用資産に影響はない。
運用会社が破綻した場合、投資信託は分別管理されているため、特に影響はない。保険商品を選んだ場合、生命保険商品を選んだ場合には責任準備金等の９割が、損害保険商品を選んだ場合には保険金・返戻金の９割が補償される。定期預金は元本1,000万円とその利息が保護される。
そのため、保険商品での運用や定期預金に1,000万円以上預ける場合には、破綻により資産が目減りする可能性がある点に注意したい。

7日目

リスクヘッジとして考えたい金融商品とは？

ここまでNISAやiDeCoを活用したお得な非課税枠での投資方法を学んできました。
NISAやiDeCoを活用した資産運用では、どうしても投資信託に偏ったポートフォリオになってしまいがちです。そこでリスク分散として、投資信託以外の商品も持ち、価格変動を抑えていくことをおすすめします。
では、リスク分散の方法を学びましょう。

7-01 ベストな資産バランスを考えたNISAやiDeCo以外の投資枠

NISA制度やiDeCoを使えば資産運用は完結と考えてよいのでしょうか？

NISA制度やiDeCoでは投資できる対象が限られています。特にNISAの場合、株式や株式投資信託に偏った投資となりがちです。**全体の資産バランス**をどうするか考えていく必要があります

■ 偏りがちなNISAやiDeCo投資のリスク分散

NISA制度やiDeCoを活用すれば万全。果たしてそうでしょうか。

確かに、非課税のしくみは大変メリットのあるよいしくみです。

NISAやiDeCoでは投資できる金融商品が限られているため、その中だけで完結するとなると、株価が大きく下落したときのリスクに対応（リスクヘッジ）するには多少の不安が残ります。

そこで、非課税のメリットを享受するためにNISAやiDeCoは株式、投資信託を中心に攻めの投資として活用します。

一方、NISA、iDeCoで株式や投資信託に偏ったポートフォリオのバランスをとるために、**NISAやiDeCoにはない金融商品は特定口座でリスクヘッジ**していきます。

「卵は1つのカゴに盛るな」という格言が表すリスク分散について50ページで説明しましたが、株と債券のように、レートが反対方向に動く資産に分散することにより、株価が暴落しても債券価格が上がり、暴落時のリスク（リターンの振れ幅）は緩和されます。

■投資では銘柄選択より資産の配分が大事

株式、債券、不動産といった資産ごとの配分割合を**アセットアロケーション**と呼び、株式という資産内での銘柄の選択（ポートフォリオ）よりも、**各資産のバランスが投資のリターンに最も影響を与える**と言われます。

景気のいいときや、株式市場に資金が流入しているときは株式や株式投資信託の運用成績は好調となります。

一方、景気が悪化した場合は低リターン、マイナスリターンになります。

NISAやiDeCoの非課税制度だけの運用にとらわれず、全体の資産状況を考慮したうえで、NISAやiDeCo以外の投資枠も設け、外国株式、国内債券、外国債券といった資産も視野に入れ、リスクヘッジを行うことが長期的な投資では必要になります。

具体的にどのような金融商品で運用すべきか、次ページ以降でご紹介していきます。

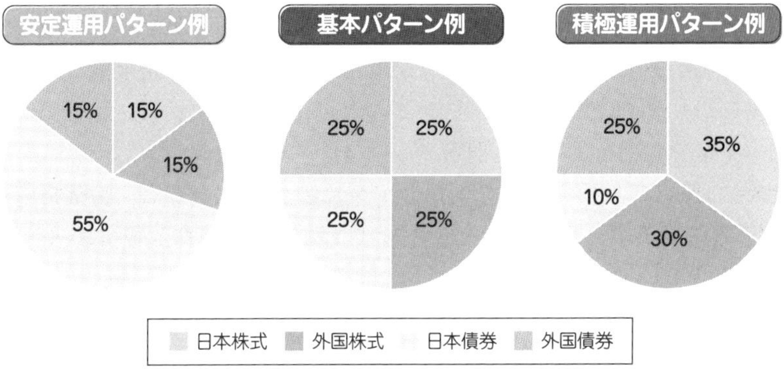

株式や株式投資信託を活用するほかに、債券での投資や金などの投資も検討できる。

上記はシンプルなポートフォリオの一例。債券そのものはNISAやiDeCoでは買えない（iDeCoは上場株式自体は直接買えない）ため、非課税制度とは別に投資することも検討してみるといいだろう。

非課税制度をうまく活用しながら、全体のポートフォリオを考えていこう。

7-02 世情不安とインフレ対策には金投資が有効

世界情勢が不安定な時などには金（ゴールド）が良いと聞きました。NISAで購入できますか？

金そのものをNISAで購入はできませんが、金価格に連動するETFの購入は可能です。NISAとは別に、純金積み立てなどを活用しリスクヘッジを検討していくことも可能です

■ 金ETFや純金積み立てへの投資

世界情勢が不安定な時やインフレが進んでいる際には、**金投資**が有効な投資手段となります。直近では、ロシアのウクライナ侵攻、コロナ禍での不安拡大、インフレ進行といった理由で金価格が大きく上昇しました。

NISA口座（成長投資枠）を活用して金に投資したい方は、**金価格に連動したETF**に投資する方法が考えられます。例えば、**純金上場信託（1540）**といったETFが挙げられます。

なお、純金上場信託（1540）は、一定の口数以上投資している場合には金地金と交換ができるため、単純な売買だけではなく、最終的には**現物で保管したいといった場合にも活用可能です**。

純金積立はNISA非対応だが実質非課税にできる

純金積立は、田中貴金属や三菱マテリアル、徳力本店といった貴金属専門の会社で取引ができます。

毎月購入したい金額等を設定し積み立てが行えるほか、その時々の価格でまとめて購入するスポット購入なども可能です。楽天証券など一部証券会社でも購入可能です。

楽天証券などではクレジットカードによる純金積み立ても可能ですので、クレジットカードのポイントもうまく貯めていくとよいでしょう。

なお、純金積み立てはNISA口座では投資できません。つみたて投資枠を利用しても投資できません。

ただし、純金積立を行い売却した際に生じる所得は、事業として行っていなければ通常は**譲渡所得**になります。

譲渡所得の場合、**特別控除50万円が差し引ける**ため、年間の売却益が50万円以内であれば税金がかからず、実質非課税とすることが可能です。

まだまだある、金に投資する方法

❶ 金地金や金貨への投資

まとまった投資であれば「金地金」投資がよい。500グラム以上であればバー・チャージ（売買手数料など）余分なコストはかからない。少額投資であれば、数万円～数十万円単位で購入できる「金貨」への投資もよいと考える。1オンス（31.1035ｇ）の金貨が一般的だが、1/2オンス、1/4オンス、1/10オンスといった小口も可能である。

❷ 投資信託

金へ投資する投資信託も存在する。銀行や証券会社等で購入可能。なお、金そのものへの投資、金ETFへの投資、金鉱企業への株式の投資、金先物への投資など投資対象は複数あるため、何に投資を行っているのか、確認しておこう。

❸ 金先物、金CFD

金先物や金CFDはレバレッジを効かせて、少額の資金で大きな取引を行うことができる。買いからだけではなく、売りからも取引可能であるため、値段が下がると思ったときに利益を得ることも可能である。なお、先物の場合、決済期限があるため、時間に制約がかかってしまうことがデメリットとなる。

金投資は、世情不安などリスクヘッジとして活用する。金そのものに投資する（純金積み立てや金貨、金地金投資）か、金の投資信託、ETFへの投資を基本とする。金先物や金CFDはハイリスク・ハイリターンな取引に該当するため、投資初心者は手を出さないほうが無難である。

7-03

価格変動幅の少ない債券投資

株式や投資信託以外に、債券にも投資したいです。どんな債券が投資候補となりますか？

債券にも様々な種類があります。国内の債券に投資したい場合には、個人向け社債を活用してみてはいかがでしょうか

■債券もリスクヘッジの一つとして考える

債券は、投資家から資金を借り入れるために**国、地方自治体、企業等が発行する有価証券**です。

投資家は国や企業などにお金を貸す代わりに債券を受け取ります。債券は通常**満期**が定められており、満期になると貸したお金が投資家に戻ってきます。お金を貸している期間中は利子を受け取ることができます。

株式に比べて一般的に**価格変動幅が小さい**こともあり、**リスク分散の手段**として債券への投資を行う方も多いです。

債券には、国が発行する**国債**、企業が発行する**社債**などがあります。

社債の場合、業績悪化などにより利子や償還の支払いが滞るケースもあるため、必ず貸したお金が戻ってくるとは限りません。

個人向け社債は利率もよく気軽に投資できる

国内債券において投資妙味があるのは、個人投資家向けに発行される**個人向け社債**です。

普通預金の金利が低い昨今、個人向け社債の利率を魅力と感じる方が多くなっています。

例えば、**ソフトバンク株式会社**では2023年に上場以来初めてとなる個人

投資家向けの社債を発行しています。

利率は年0.98%、5年間資金を貸すものです。申し込みは10万円単位で、個人投資家が気軽に投資できる金額に設定されています。

SBIホールディングス株式会社でも個人向け社債を発行しています。

期間は2年間、申込単位10万円、2023年6月発行のもので利率は年0.93%となっています。

普通預金や定期預金の利率に比べればかなり高い利率のため、個人投資家に人気があります。

社債の場合は、信用リスクが伴うので利率だけではなく業績なども確認しましょう。**利率が低い＝信用度が高い、利率が高い＝信用度が低い**ともいえるため、妥当な利率かどうかも検討すべきです。

なお、**個人向け社債はNISA口座では投資できません**。

●個人向け社債の一例（ソフトバンク株式会社）

	第19回無担保社債（社債間限定同順位特約付）
発行年限	5年
発行額	1,200億円
各社債の金額	10万円
利率	0.98%
条件決定日	2023年2月22日
申込期間	2023年2月24日から3月9日
払込期日	2023年3月10日
償還期限	2028年3月10日
利払日	毎年3月10日および9月10日
資金使途	みらい創出のための事業に係る設備投資資金
取得格付け	AA−（株式会社日本格付研究所）、 A+（株式会社格付投資情報センター）
主幹事証券会社	大和証券株式会社、みずほ証券株式会社、SMBC日興證券株式会社，三菱UFJモルガン・スタンレー証券株式会社、野村證券株式会社、株式会社SBI証券、岡三証券株式会社、東海東京証券株式会社

7-04 iDeCoで外貨建てMMFに投資

外貨での運用を考えています。コストをできるだけ低く、かつ利率のいい金融商品はありますか？

外貨建てMMFはいかがでしょうか。外貨預金に比べるとコストは低く、リターンは高めです。分散投資先として利用してみてはいかがでしょうか

■為替手数料が安く利回りは高い外貨建てMMF

外貨建てMMFとは、格付けの高い**外貨建ての公社債等に投資する投資信託**です。外貨預金に比べ**為替手数料が安く利回りは高い**ので、外貨での運用手段の1つとして活用できます。

公社債等に投資することから、債券投資で得られる利息が見込め、運用成果に応じて**分配金**が支払われます。

分配金は毎日計算され、月末にまとめて再投資されるため効率的に運用することができます。

投資したときよりも円安になっていれば**為替差益**も得ることができます。

なお、NISA口座では投資対象となっていませんが、**iDeCoでは外貨建てMMFに投資できる場合があります**。

iDeCoまたは特定口座で運用

将来の年金の一部として効率的に運用していきたい場合には、**iDeCoで外貨建てMMF**を運用することも検討してみましょう。

もちろん、分散投資の一環として通常の特定口座で運用していくのもよいでしょう。

その場合、いつでも解約できますが分配金には20.315%の税金がかかることになります。外貨建てMMFは証券会社や銀行で購入できます。

外貨建てMMFでは、様々な外貨を選ぶことが可能です。

複数の通貨でリスクを分散

基本は米ドルとユーロが主体になります。他にも、豪ドルや南アフリカランド、カナダドルなども金融機関によっては選択可能です。

複数の通貨に分散し、為替変動のリスクを減らすことも考えておきましょう。

その時々の状況にもよりますが、**米ドルを主体**とした通貨変動での為替差益狙いであれば、**豪ドルなどへの投資**がよいかもしれません。

いずれにせよ分散投資に心がけ、通貨の分散、時間の分散を図っていくことをおすすめします。

為替の動向が収益を左右しますので、為替の動きにも敏感になっておく必要があります。

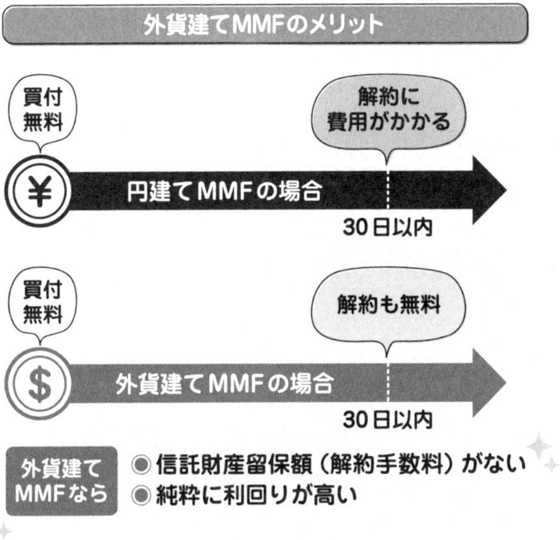

7-05 金利が魅力の外国債券ただし為替差損に注意

外国債券に興味があります。株式投資のリスクヘッジとして活用できますか？

外国債券への投資は株式投資のリスクヘッジとして機能します。ただし、種類が多いので、どの外国債券に投資すべきか見定めが必要です。なお、個別の外国債券はNISAやiDeCoでは投資できません

外債は金利が魅力、為替や政治リスクもあり

債券の中で、債券を発行する**企業や国、地域、通貨のいずれかが海外であるものを外国債券**といい外債とも呼ばれています。企業、国、通貨すべてが外国である必要はありません。

例えば**米国債は米国が米ドルで発行する債券**であり、外国債券の一種類です。

外国債券は種類が非常に多いため、数多くの投資商品があるといえます。基本的には**証券会社で購入**が可能ですが、銀行などが仲介を行う場合もあります。

外貨預金と比べて金利がいいといった理由で購入される方も多いです。窓口やインターネットから購入可能です。

注意点は、金利が高くても**為替手数料が高くなる**ケースがあること、中長期投資であれば利息でカバーできるものの、短期的な売買の場合はコスト割れする可能性もあります。

また、為替が**円高に振れた場合には為替差損が生じる可能性**があります。

その一方で、円安へと振れたことで利息の他に為替差益が得られるケース

もあります。また、国や企業の信用力の向上等により途中で売却した場合に売却益が生じることもあります。そのため、複数の国や企業、期間など分散をさせて投資するべきです。

外国債券の**一番の魅力は金利**と答える方も多いですが、金利が相対的に高い債券はそれなりにリスクがあると思ったほういいです。

なぜ金利が高いのか？　政治リスクがないかどうか？　元本が返済される可能性が高いかどうか？

これらの点を今一度チェックし、ご自身の中でそのリスクが許容範囲であれば投資するといったスタンスのほうがよいかもしれません。

■ 主な外国債券の種類

主だった外国債券には次のような種類があります。

- **サムライ債**　**外国法人が日本国内で円建てで発行する債券**
- **ショウグン債**　**外国法人が日本国内で外貨建てで発行する債券**
- **ユーロ円債**　**海外市場で発行された円建て債券**
- **ソブリン債**　**各国の政府や国際機関によって発行または保証されている格付けの高い債券**

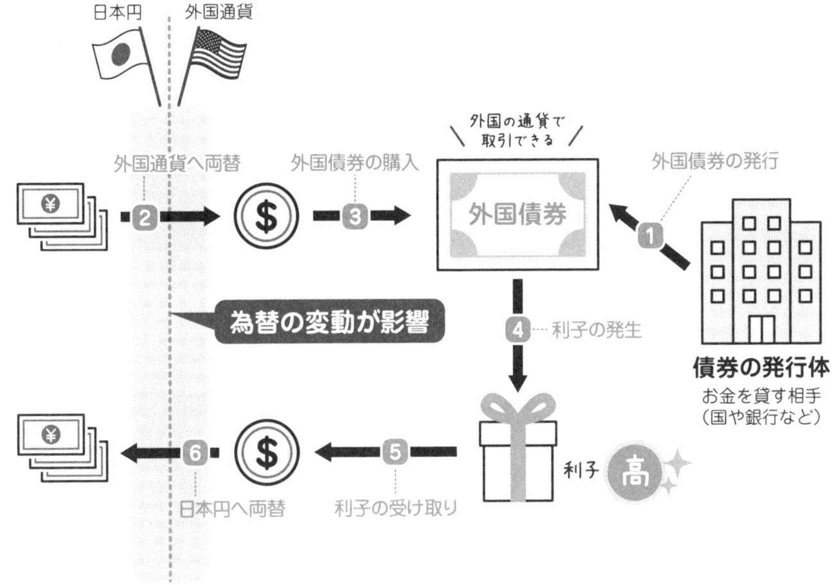

7-06

貸株は株式投資の第三の収入源

株式には、貸株という方法があると聞きました。貸株とは何でしょうか？

貸株とは、証券会社に自分が保有する株式を貸すことで貸株の金利を受け取ることができるものです。NISA制度で保有する株式は貸株を利用することができませんが、特定口座などで保有する株式は貸株により金利収入を得ることが可能です

■保有する株式を証券会社に貸し出し金利を得る

貸株とは、保有する**株式を証券会社に貸し出し貸株金利を受け取る**ことができるものです。

証券会社は借りた株式を機関投資家などの他の投資家に貸し出すなどして運用を行います。

貸株金利という第三の収入源を手に入れる

株式を貸した投資家は、証券会社から貸した見返りに貸株金利を受け取ります。

株式取引では、売買益（キャピタルゲイン）と配当金や株主優待による収入（インカムゲイン）が主な収入源となります。

さらに貸株を利用することで、**第三の収入源として貸株金利を得る**ことができます。

保有する銘柄によっては、**貸株金利が年1％以上**つくこともあり、貸している間は貸株金利を得ることができるため、うまく活用していくとよいでしょう。

なお、**貸株中でも売りたい時に株式は売却できます**。

売却するとその後の貸株金利は得られなくなるものの、株価が大きく上がって利益が大きくなった場合には、それまでの貸株金利も利益となるため、取引の仕方によってはメリット大となります。

貸株は株主優待が受けられなくなる

株式を貸し出したまま権利確定日を迎えたときは、株主の権利は取得できないため、株主優待等の**継続保有の特典が受けられなくなります**。

貸株を行っている最中は株式の名義がいったん貸した相手側に移ることになるため、株主優待等が得られない可能性があるのです。

なお、証券会社によっては、株主優待や配当金を得ることができるように設定することも可能です。

株主優待や配当金が欲しい場合には、設定を変更する必要があります。

また、**NISA口座の保有株は貸株対象外**となります。

特定口座や一般口座で保有する株式がある場合に貸株は検討しましょう。

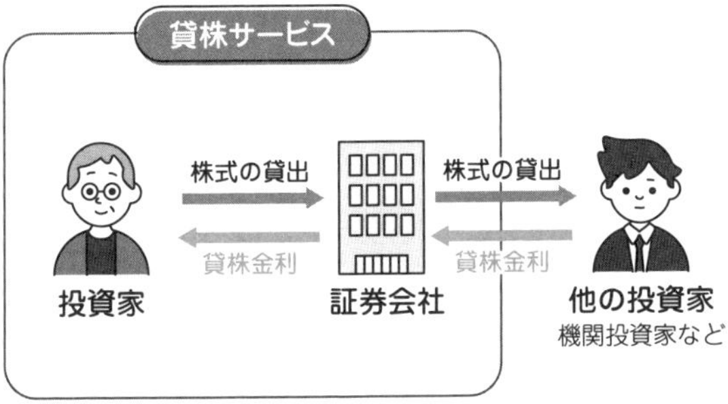

株式取引には、売買益（キャピタルゲイン）、配当や株主優待（インカムゲイン）以外に貸株による金利収入があることも覚えておこう。

NISA制度では活用できないが、特定口座や一般口座で保有する株式に活用できる。

7-07 ネットで未上場企業に投資する クラウドファンディング

応援したい企業やビジネスに投資する方法として、
気軽にできるものはないでしょうか？

NISAやiDeCoには対応していないものの、投資型クラウドファンディングを活用してみましょう。応援したい企業などが見つかるかもしれません

■ネットで資金提供、株や配当でリターンを得る

未上場企業を応援したい、これからのニーズに応える企業を探したいなど、未上場企業に投資する投資方法があります。しかし、未上場企業への投資は情報が少なく投資初心者にはハードルがかなり高くなります。

未上場企業への投資方法の1つとして**投資型クラウドファンディング**を活用してみてはいかがでしょうか。

投資型クラウドファンディングとは、クラウドファンディングの一種であり、**インターネットを介して支援者が資金を出し合い、その見返りとして株式や配当金など金銭的なリターンを得る**ことができるものです。

投資型クラウドファンディングには3つのパターンがある

投資型クラウドファンディングには、ファンド型、ソーシャルレンディング、株式型の3つのパターンがあります。

ファンド型とは、**投資家がファンドに資金を拠出**し、企業の行う事業に投資します。投資した事業が計画通り売上を達成できれば想定した分配金を受け取ることができます。

想定以上の売上が達成できればさらなる分配金が入り、一方想定より芳しくない売上であれば分配金も減ることになります。

ソーシャルレンディングは、**企業に融資**を行うものです。その企業の信用度合いなどにより、得られる金利は異なり、貸した元本に利息を付けて返済されます。

株式型は、**未上場企業の株式に投資**するものです。

投資した企業が大きく成長し、上場すれば大きなリターンを得られる可能性があるものの、事業に失敗すれば投資金額が回収できない可能性があります。

このうち、投資による金銭的なリターンを得たいのであれば**ソーシャルレンディングが無難**といえるかもしれません。

とはいえ、1社だけに資金を貸し付けるのはリスクが高いといえるため、複数に分散、業種なども分けて投資を検討するとよいでしょう。

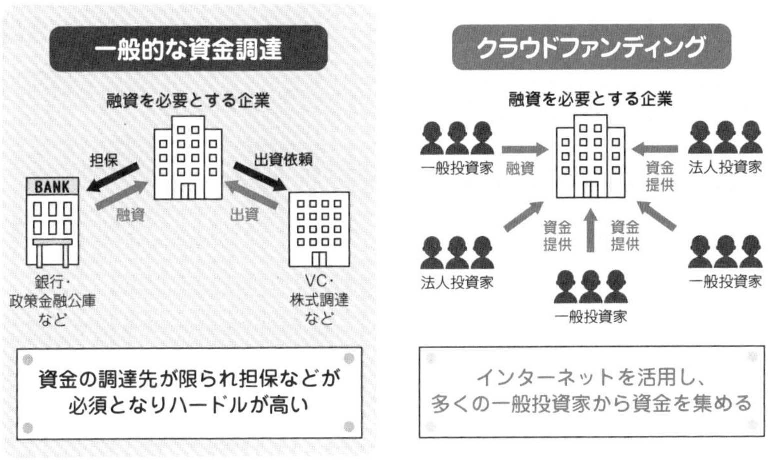

クラウドファンディングでは、インターネットを介して、多くの投資家から資金を調達する点に特徴がある。
特に投資型クラウドファンディングでは、投資によるリターンを得られるため、投資の一種として活用されている。ただし、未上場企業に対する投資、融資となるため、必ずしも想定したリターンが得られるとは限らない。
とはいえ、応援したい企業や事業に投資できる点は魅力的である。新しい投資手法として活用してみよう。クラウドファンディングサイトには、CAMPFIRE、READYFORなどがある。

7-08 少額から不動産に投資できる不動産ファンド

不動産に投資したいものの現物を買う資金はありません。もう少し簡単に投資できる方法はありませんか？

不動産ファンドを活用してはいかがでしょうか。REITの他にも不動産小口化商品があります。上場しているREITはNISAでも投資可能です。物件によっては不動産小口化商品も活用しましょう

■ 不動産に小口で投資できるREIT

不動産ファンドとは、投資家から資金を集め、集めた資金を元手に不動産に投資・運用を行い、その収益を分配金として支払う金融商品です。

不動産ファンドと一言で言っても、様々な形態があり、また投資する不動産の種類によって区分することもあります。

こうした不動産ファンドのメリットは、実物不動産を買うほどの資金がない方でも**少額から投資できる**点です。

１口数万円〜百万円程度で始めることができるものが多く、不動産投資の第一歩として活用することもできます。

また、運用は不動産のプロに任せることができるため、わずらわしい管理や運用の手間が省けます。家賃収入や売却益などをもとに、分配金が支払われます。

不動産ファンドの最も有名なものが**REIT（不動産投資信託）**です。

日本ではJ-REITといわれ、住宅や商業施設、オフィス、ホテル、物流施設などに投資するものがあります。

取引所に上場されているREITは、上場株式と同様に取引所で売買でき、

比較的流動性が高く、換金性に優れています。

また、NISAを活用して投資ができるので、分配金を非課税で受け取りたい場合には、J-REITを活用するとよいでしょう。

■1つの物件に投資する不動産小口化商品

この他に、**不動産小口化商品**があります。**多くの投資家で不動産を共有**する投資方法です。

J-REITの場合には複数の物件に投資しますが、不動産小口化商品では**1つの物件に投資し、投資家ごとに持ち分で共有**します。

不動産小口化商品では、投資する物件ごとに1口いくらと決まっています。利回りや物件の所在地などをもとに投資する価値があるかどうかを決めます。

駅前など一等地における投資の場合、高く売却できることもありその場合のリターンは大きくなります。

株式などのリスクヘッジとして活用を検討してみるとよいでしょう。

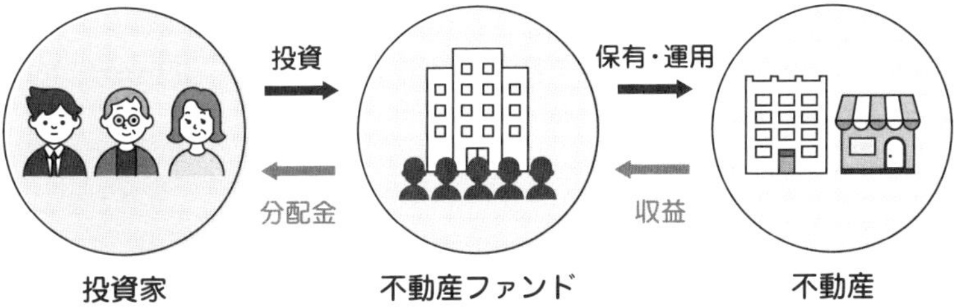

不動産ファンドでは、投資家が拠出した資金をもとに不動産を購入、運用する。投資家の資金だけではなく、金融機関からの借入金が活用される場合もある。投資することで得られた家賃収入や売却益をもとに、投資家に還元される。一般的に不動産投資は、ミドルリスクミドルリターンと呼ばれるが、最終的には物件選びがリターンを左右するといえる。

不動産といっても、住宅、商業施設、オフィス、ホテル、物流施設、駐車場など様々ある。そのため、1つのREITや不動産小口化商品を利用するより、複数に投資して不動産の中でもリスクヘッジをしたほうがよいだろう。

7-09 NISAを使ったリスクヘッジ

高配当な企業に投資したいと考えています。とはいえ、個別株の投資はリスクが高そうです。何かいい方法はありますか？

高配当の企業に複数まとめて投資するのであれば、ETFを活用する方法が考えられます。リスク分散もでき、コストも低いため投資しやすいですよ

■高配当ETFに投資して分配金を享受する

高配当の企業に投資したいが、個別銘柄の選択が難しい場合におすすめなのは**高配当ETF**です。

高配当ETFとは、高い配当が見込める企業に投資し、**高い分配利回りを目指す上場投資信託**です。上場株式と同様に売買ができます。

具体的には次のような商品があります。

- NEXT FUNDS 日経平均高配当株50指数連動型上場投信
- NEXT FUNDS 野村日本株高配当70連動型上場投信
- 上場インデックスファンド日本高配当（東証配当フォーカス100）

高配当ETFのメリットは何といっても**高い分配金**です。

投資額に対して得られる分配金利回りが高いため、定期的な収益を得たい投資家にとっては魅力的な投資方法といえます。

しかも、複数の高配当を出す企業に投資しており、選定企業も一定の基準を基に選ばれているなど、投資初心者にとっては好都合です。

また、得られた配当金を再投資すれば配当金が収益を再度生み、収益が収益を生む複利効果を享受できます。

ただし、**分配金は自動的に再投資できない**ので、自分で再度投資に回す必

要があります。

この他、高配当企業の株価は安定していることも多く、コツコツと収益を生む金の卵となりえる点もメリットといえます。

高配当企業の多くは大型株であり成熟企業が多いため、**高成長は期待できない**かもしれません。そのため、株価上昇という視点では大きく期待できない可能性があります。

なお、高配当に注目する投資家が増加すれば値上がり益も享受できます。

NISA制度を活用し、高配当ETFに投資すれば分配金も非課税で受け取れます。

信託報酬といったコストも低めであるため、分散投資の一環として、NISAの成長投資枠での活用を検討してみてはいかがでしょうか。

高配当に投資するETFの事例

- NEXT FUNDS 日経平均高配当株50指数連動型上場投信（1489）
  日経平均高配当株50指数（対象指数）に連動する投資成果を目指すETF。日経平均高配当50指数とは、日経平均株価の構成銘柄のうち、予想配当利回りの高い原則50銘柄で構成される株価指数である。
  2023年11月20日時点の分配利回りは、3.63%

- NEXT FUNDS 野村日本株高配当70連動型上場投信（1577）
  野村日本株高配当70（対象指数）に連動する投資成果を目指すETF。野村日本株高配当70とは、日本国内金融商品取引所に上場する全ての普通株式のうち、今期予想配当利回りの高い、原則70銘柄で構成される等金額型の指数である。
  2023年11月20日時点の分配利回りは、3.34%

- 上場インデックスファンド日本高配当（東証配当フォーカス）100（1698）
  東証配当フォーカス100指数の変動率に一致させることをめざして、東証配当フォーカス100指数に採用されている株式および上場不動産投資信託証券に投資を行うETF。東証配当フォーカス100指数は、予想配当利回りに着目した株価指数であり、時価総額と予想配当利回りで選定される100銘柄で構成される。
  2023年11月20日時点の分配利回りは、3.08%。

米国株など海外株式に興味があります。銘柄はどのように選んでいけばよいでしょうか？

海外株式は、日本株式や他の金融商品と比べてもリスクが高くなります。情報源が限られる点がデメリットになりますが、世界で活躍する企業に投資できる点が魅力です。NISAを活用して購入することも可能です

■世界で活躍する企業に投資してみよう

日本に住んでいると、どうしても日本株が主体となってきます。

とはいえ、現在では米国株をはじめ、**世界の優良企業などに証券会社のサイトやアプリから簡単に投資できる**ので、日本株に限らず世界へ投資することにもチャレンジしてみましょう。

米国株の他、中国株やASEAN株式など、証券会社によっては海外の個別株式にも投資が可能です。ただし、証券会社によって取り扱う国や銘柄は異なります。

例えば、SBI証券では、米国株や中国株の他、韓国、ロシア、ベトナム、インドネシア、シンガポール、タイ、マレーシアといった国で上場する株式の購入が可能です。

なお、現地に行き口座を開くという方法もありますが、居住者ではないと難しいケースもありますし、インドのように外国人は個別株式が購入できないケースもあります。

そのため、買いたい銘柄が現地で口座を開設しないと難しいといったケースや知り合いが現地に住んでいて口座開設を手伝ってくれるといった場合を除いて、**日本の証券会社を通じて売買**するのが無難です。

この他、海外の個別の株式は**ADR（米国預託証券）による投資**も可能です。

ADRとは、**米国以外の国で設立された企業が発行する株式を裏づけに、米国で発行される有価証券**です。

あくまで一部の企業になりますが、間接的に投資が可能なので、こうした

方法を活用し、日本の証券会社の口座から購入していくことも可能です。

いずれにせよ、海外株式は株価変動だけではなく、**為替変動の影響も受ける**ため、リスクの取れる余裕資金で運用することを心がけてください。

株式には、IPOというものがあると聞きました。
IPOとは何でしょうか？

IPOとは、新規公開株のことを指します。証券取引所に株式を上場し、誰でも自由に売買できる状態にすることを意味します

値上がりを期待してIPOを買う

IPOとは新規公開株を指し、これから株式を証券取引所に上場させる会社が、**上場前に投資家に株式を売り出すこと**を意味します。

通常は抽選で当選することにより購入できるものです。

新規に上場を目論む企業は、新しいビジネスや好業績から投資家の期待が膨らみ、IPOで入手できた株式の多くは、上場後に株価が大きく跳ね上がります。

特にこれからの社会を大きく変えそうなビジネスにチャレンジしているベンチャー企業などは注目され、**IPOで買った金額の何倍もの株価が上場時につく**こともあります。

ただし、IPOは実際には玉石混交であり、上場後必ずしも順調に株価が推移するとは限りません。

将来性のある企業や、財務基盤がしっかりしている企業などに注目するとよいでしょう。上場後すぐに売却して利益を得るといった方法も検討できます。

NISAでIPO株を購入して高値で売る

このIPO株は、**NISA口座を利用して投資が可能**です。

上場前に買えて、上場後の高値で売るといったこともできます。

NISA口座のメリットは売買益が非課税になることです。IPOでは短期間

で大幅な利益をもたらすこともあり、その利益が非課税で受け取れる点は投資家として魅力的といえるでしょう。

ただし、人気の高いIPO株は当選しづらいので、いいと思ったIPOがあれば、NISA口座に限定しないで、**複数の証券会社の口座（特定口座など）で申し込んでいくことも検討**してみましょう。

また、根気よくIPOに立て続けに申し込んでいくといった方法も考えられます。数打ちゃ当たる。これも投資の一手段です。

●2022年、公募価格から初値が大きく上昇したIPO株

公募価格とはIPOにおいて抽選で当選した人が買えた価格のことです。**初値**とは新規上場時についた最初の株価を意味します。

	企業名	公募価格	初値	上昇率
1	ウェルプレイド・ライゼスト	1,170円	6,200円	429.9%
2	サークレイス	720円	2,320円	222.2%
3	ANYCOLOR	1,530円	4,810円	214.4%
4	スマサポ	800円	2,250円	181.3%
5	トリプルアイズ	880円	2,200円	150.0%

上昇率が高いものほど、NISAによる非課税の恩恵は大きいといえます。2024年以降のNISAでは、成長投資枠年240万円を活用し、IPOに投資が可能です。ただし、初値で必ず上がるとは限らないため選別が必要です。

※実際には100株単位での投資となるため、公募価格に×100をした金額で買い、初値に×100をした金額で売買ができることになる。ウェルプレイド・ライゼストは初値で100株売却できたら場合、50万3,000円の利益が発生したことになる。

何十万円もする株式には投資ができず困っています。こうした株式を少額でも買うことはできないのでしょうか？

ミニ株を活用して購入することができます。ミニ株は1株から購入できます。NISAの枠を利用することも可能です

■低予算で複数の株を買いたければミニ株も活用しよう

東京証券取引所では、個人投資家が投資しやすい環境を整備するために、**100株（1単元）で5万円以上50万円未満が望ましい投資単位の水準**としています。

すべての株式がこの価格帯で買えるわけではありません。

1銘柄数十万円でも複数銘柄買おうとすると、ある程度まとまった資金が必要になります。

そこで活用したいのが、**ミニ株**です。

ミニ株とは、通常100株単位で売買しなければならないところを1株や10株など少ない単位で購入ができるというものです。

仮に100株50万円の株式があったとした場合、10株だと5万円で購入できます。

ミニ株で予算内で複数の銘柄が買えないといった悩みを解消することができます。

NISA口座でもミニ株取引が可能

ミニ株を利用する場合、**リアルタイムでの売買ができません。**

ミニ株は、当日もしくは翌営業日の始値、終値での取引となります。そのため、想定以上に変動した株価で取引をすることになる可能性もあります。

100株未満の場合、**株主優待が受け取れない**こともあります（企業による）。配当は100株未満でも所有株数に応じて支払われます。

ミニ株取引ができるかどうかは、証券会社によって異なります。例えば、SBI証券やマネックス証券などでは利用可能です。

なお、NISA口座を利用してミニ株取引を行うことも可能です。

ミニ株で色々な株式に投資してみると、金額は小さくても立派なポートフォリオを作ることができます。

株式投資のメリットに、株主優待があると思います。どんな株主優待がおすすめですか？

株主優待では、自社製品・サービスを中心に、クオカードなどがもらえる場合もあります。ご自身にとって使い勝手の良い優待を受け取ることを考えてみましょう

■配当のほかに株主優待で製品やサービスを享受できる

日本株を買ったときの企業が株主への還元策として**株主優待**があります。

すべての上場企業が行っているわけではありませんが、株主になった特典として配当金の他に優待が受け取れるのは魅力です。

株主優待には、自社製品やサービスのプレゼントであったり、自社製品購入時に活用できる優待券、クオカードやカタログギフトなど誰もがもらってうれしいものまで様々です。

株主優待を目当てに株式投資を検討される場合には、本当に欲しい優待を探しましょう。実際に使って嬉しい、楽しい、お得と感じるものをゲットすべきです。

株主優待は各企業のホームページにおける株主優待情報の他、Yahoo!ファイナンスなどによる株主優待情報、会社四季報などで検索できます。

特に人気のある株主優待の場合、優待の権利が得られる決算月などには株価が上がる傾向も見受けられますので、傾向をつかみ、いつ購入すべきか検討したほうがよいでしょう。

継続して**長期間保有することで優待が拡充**される場合もあります。

継続して保有し、優待を受け取っていくと、自然にその企業を応援したくなる気持ちも湧いてくることでしょう。優待を利用して売上に貢献できる場合もあります。

優待を探す場合に注目したいのが、**優待利回り**です。

必ずしも投資金額の何％もらえると計算する必要はないものの、優待利回りが高いほど投資妙味が増します。なお、優待ばかりにとらわれず、最終的にはその企業の業績が株価を左右します。

7-10 信用取引やFX、暗号資産（仮想通貨）は原則行わない

株式取引には、信用取引があると聞きました。
NISAでも信用取引はできるのでしょうか？

信用取引は、NISA制度では利用できません。ハイリスク・ハイリターンな取引であり、資産形成には不向きなためです。この他、FX、仮想通貨にもNISA制度では投資できません

■信用取引、仮想通貨、FXはハイリスク・ハイリターン

NISA制度で購入できるのは現金と引き換えに株を購入する**現物取引だけ**で、**借りたお金や株を元手に株を購入する信用取引はできません**。

一定の委託保証金を差し入れることで売買できる取引であり、**手元資金の最大3.3倍の取引が可能**です。

そのため、株価が上がると思い、お金を借りて株式を買い、実際に株価が上がれば手元資金以上の利益を得ることができます。

現物取引よりも利益を得ることができる可能性があるものの、思った方向と逆になれば損失も拡大する**ハイリスク・ハイリターンな投機的取引**といわれています。

NISA制度はあくまで資産形成を図る一手段ですから、**投機的な取引は制限**されています。

投機的な取引としては、ハイレバレッジのFX取引や暗号資産（仮想通貨）もあげることができます。FXは手元資金の最大25倍まで、米ドルやユーロなどの外貨の売買ができる外国為替証拠金取引です。

暗号資産（仮想通貨）とは、インターネット上でやり取りができる暗号化されたデジタル通貨です。

こうした取引は、ハイリスク・ハイリターンな取引であり、資産形成には向いていません。

そのため、投資初心者の方は、原則行わないほうがいいでしょう。

もちろん、リスクを理解したうえで取引にのぞみたいという場合には行うことも否定はしないものの、まずはNISA制度やiDeCoを活用し、投資していくことを考えた方がよいでしょう。

ハイリスク・ハイリターンな取引とは？

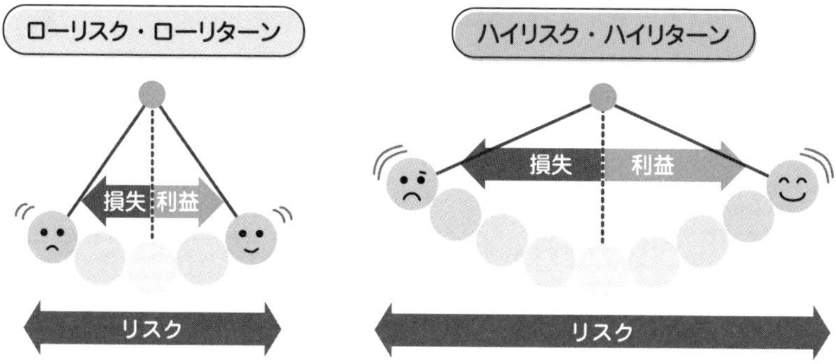

ハイリスク・ハイリターンと取引とは、利益や損失の変動幅が大きい取引を指す。

株式の現物取引でも、債券などの金融商品と比較するとハイリスク・ハイリターンな取引といえる。信用取引やFX、暗号資産（仮想通貨）取引などは、さらに利益や損失の変動幅が大きくなる可能性があるため、投資初心者は手を出さないほうが無難である。

7-11 最終的に利益を出し、売却する出口戦略が見えること

投資した金融商品についていつ売却すべきかで悩んでいます。65歳など区切りのいい時に売却すればよいのでしょうか？

年齢で区切るのが必ずしも正しいと思いません。目標に到達したら売却するなど、出口戦略を明確にしておくべきです

老後資金の確保は、売却により初めて確定となる

資産運用の相談で多いのが、「いつ売却すべきか？」というものです。買い方や買うタイミングはわかっても、売り時がわからない方が多いのです。

その際に**一つの区切りとなるのが年齢**です。

退職の年齢にあわせて老後資金を確保したい考えれば、引退時に売却を検討されると思います。果たしてその選択肢が正しいといえるのでしょうか？

若いうちは投資に失敗しても後からカバーが可能です。一方、65歳や70歳の高齢での投資の失敗はカバーするのが難しくなります。

目標とする老後資金の金額に到達できなければ、その後も働いてカバーする必要も出てきます。老後資金の確保は失敗できないのです。

年齢でなく目標金額到達を目安とする

そのためにも、どうしていくべきなのか？

それは、**出口戦略**を明確にすることです。

投資は、売却し現金化して初めて老後資金となるため、いつ売却するかを明確にしておかなければなりません。

年齢を現金化の目安にするのは、その時の経済情勢により運用結果が大き

く異なってしまいます。

それよりは、55歳など少し早めになったとしても**目標金額に到達したら売却していくべき**です。

NISAであれば現金化、iDeCoであれば元本確保型商品である定期預金や保険にシフトしていくべきなのです。

どのように売却するかはその時の経済情勢も考慮しつつ、すべて売却して現金化する、あるいは徐々に現金の比率を高めていくなどの選択肢を用意しておきましょう。

NISAやiDeCoはあくまで制度としてのメリットは大きいものですが、運用結果は誰も保証してくれません。

売りたいと思った時が売却のタイミング。実行して結果を出してください。

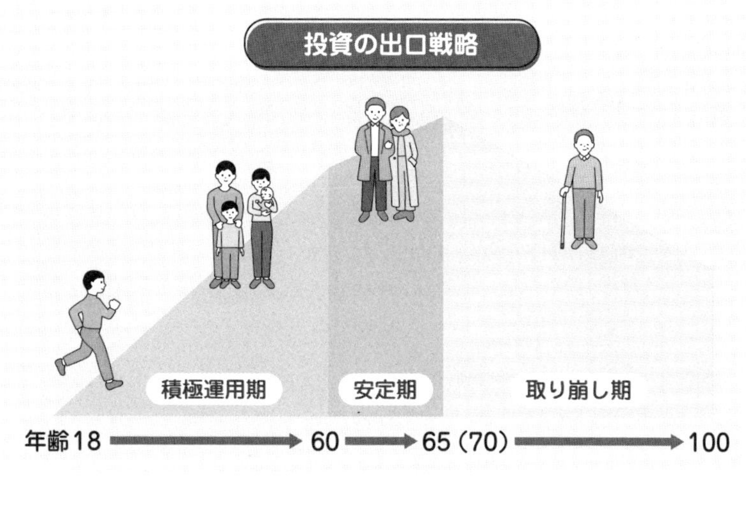

老後の資産形成は、運用を積極的に行う時期と、売却を行い安定的な運用へとシフトしていく時期にわけて行うべきである。

その時々の経済情勢や運用状況によりこの時期は異なってくる。現金化する時期は早ければ50代でもよいと考える。その後は物価上昇等に対応できる程度の運用に努めていくべきである。

最終的に利益を出し、人生100年時代を乗り切れるような資産を構築。老後に不安を残さないようにしていくことが大切だ。
そのためにも、早め早めの資産運用を実践してほしい。

Column　毎年好調な資産クラスはない

下の図は、主な各資産クラス別の円ベースのリターン（収益率）をランキングにしたものです。実は、ここ10年間で見て、2年連続して1位になった資産クラスはありません。言い換えれば、毎年収益率が高い資産クラスは変わるのだから、その資産クラスを当て続けるのは難しいといえます。

そこで様々な資産クラスを組み合わせる（分散投資）ことで、ある資産クラスが不調でも別の資産クラスのメリットで補い、資産全体の価格変動のブレ幅を抑えることが可能になります。□内は、マイナスのものになります。

●主な資産クラス別リターン（円ベース）

2012年	2014年	2016年	2018年	2020年	2022年	2023年 第2四半期
欧州ハイ・イールド 46.1%	米国REIT 45.5%	米国ハイ・イールド 14.3%	J-REIT 11.1%	新興国株式 12.8%	米国ハイ・イールド 1.2%	先進国株式 16.2%
J-REIT 41.0%	J-REIT 29.7%	J-REIT 9.9%	先進国国債 -3.5%	先進国株式 10.7%	日本株式 -2.5%	日本株式 14.4%
米国REIT 35.0%	新興国国債 22.1%	新興国株式 8.6%	米国ハイ・イールド -4.9%	日本株式 7.4%	J-REIT -4.8%	欧州ハイ・イールド 11.1%
新興国株式 33.8%	先進国株式 19.9%	新興国国債 7.2%	米国REIT -6.6%	欧州ハイ・イールド 6.5%	欧州ハイ・イールド -5.0%	新興国国債 11.0%
新興国国債 32.5%	バランス型 19.5%	米国REIT 5.7%	新興国国債 -6.8%	バランス型 5.0%	先進国株式 -6.3%	バランス型 11.0%
先進国株式 31.5%	米国ハイ・イールド 16.5%	先進国株式 5.2%	バランス型 -7.7%	先進国国債 4.7%	新興国国債 -6.3%	米国ハイ・イールド 10.4%
米国ハイ・イールド 30.3%	先進国国債 13.1%	バランス型 4.8%	欧州ハイ・イールド -10.4%	米国ハイ・イールド 0.8%	バランス型 -6.8%	米国REIT 9.9%
バランス型 27.0%	新興国株式 11.6%	欧州ハイ・イールド 2.7%	先進国株式 -10.6%	新興国国債 0.1%	先進国国債 -6.9%	新興国株式 9.7%
日本株式 20.9%	日本株式 10.3%	日本株式 0.3%	日本株式 -16.0%	米国REIT -9.8%	新興国株式 -8.5%	先進国国債 6.7%
先進国国債 14.7%	欧州ハイ・イールド 5.5%	先進国国債 -1.2%	新興国株式 -16.5%	J-REIT -13.4%	米国REIT -14.5%	J-REIT 5.2%

https://am.jpmorgan.com/jp/ja/asset-management/per/insights/market-insights/guide-to-the-markets/

JPMモルガンアセットマネジメント「Guideto the Markets」（2023年6月末の数字）より

逆相関の資産クラスを組み合わせる

価格変動のブレ幅を抑えるには、複数の資産クラスにただ分散すればよいわけではありません。相性のよい資産クラスに分散する必要があります。各資産クラスの相性を計る指標が「相関係数」です。相関係数は「－１～＋１」の間を動きます。相関係数が＋１の場合、二つの資産クラスは同じような動きをすることになります。同じような動きをするため、分散投資におけるリスク低減効果はありません。二つの資産に分けて投資しているのですが、実際は集中投資をしているのと同じことになってしまうのです。

一方、相関係数が－１の場合、二つの資産クラスの動きはまったく逆になります。逆に動くことになるため、分散投資におけるリスク低減効果は高くなるのです。相関係数が０の場合、二つの資産クラスはランダムに動いてしまい、相関はまったくないことになります。相関係数が－１に近づくほどリスク低減効果は高くなり、反対に＋１に近づくほどリスク低減効果は低くなるのです。

日本株と逆相関なのは先進国国債など

次のページの図表は代表的な資産クラスの過去３年、10年の資産クラス間の相関を見たものです。代表的な資産クラスである日本株式をみると、３年、10年ともに相関が低い資産クラスは、日本国債、先進国国債、米国10年国債になります。この三つの資産クラスと日本株式を組み合わせると、価格変動のブレ幅を抑えることが可能となります。

逆にリスク低減効果があまり期待できない資産クラスは、米国株式、世界株式、新興国株式などをあげることができます。

あくまでも過去の値のため、参考とはなりますが、日本株式と債券の組み合わせはある程度効果があることがわかります。資産全体における資産配分を検討する際に、株式と債券の比率も考慮されると後々メリットが出てくるかもしれません。

●主な資産クラス間の相関（薄グレーは10年間、色なしは3年間の相関係数）

直近10年間の相関係数（右上）／直近3年間の相関係数（左下）

	日本株式	米国株式	世界株式	新興国株式	米国ハイ・イールド債権	新興国国債（米ドル）	新興国国債（現地通貨）	米国REIT	J-REIT	日本国債	先進国国債	米国10年国債	米ドル・円
日本株式	1.00	0.67	0.69	0.47	0.48	0.28	0.21	0.36	0.44	-0.24	-0.18	-0.32	0.42
米国株式	0.65	1.00	0.9	0.69	0.79	0.64	0.46	0.74	0.47	0.09	0.32	0.00	0.01
世界株式	0.68	0.98	1.00	0.81	0.83	0.71	0.58	0.72	0.48	0.06	0.39	0.01	-0.08
新興国株式	0.42	0.63	0.75	1.00	0.70	0.72	0.75	0.54	0.33	0.03	0.48	0.06	-0.29
米国ハイ・イールド債権	0.50	0.84	0.87	0.66	1.00	0.81	0.61	0.69	0.44	0.22	0.45	0.10	-0.22
新興国国債（米ドル）	0.41	0.77	0.84	0.82	0.82	1.00	0.73	0.66	0.43	0.33	0.65	0.36	-0.42
新興国国債（現地通貨）	0.23	0.57	0.68	0.80	0.65	0.84	1.00	0.43	0.33	0.15	0.54	0.11	-0.40
米国REIT	0.52	0.88	0.87	0.60	0.74	0.70	0.52	1.00	0.51	0.29	0.42	0.30	-0.12
J-REIT	0.55	0.55	0.51	0.23	0.34	0.28	0.11	0.53	1.00	0.24	0.07	-0.07	0.12
日本国債	0.23	0.42	0.35	0.11	0.41	0.35	0.16	0.32	0.21	1.00	0.48	0.47	-0.30
先進国国債	0.19	0.65	0.71	0.72	0.74	0.84	0.82	0.56	0.02	0.37	1.00	0.74	-0.79
米国10年国債	0.11	0.51	0.54	0.53	0.58	0.70	0.62	0.48	-0.04	0.41	0.90	1.00	-0.57
米ドル・円	0.08	-0.29	-0.39	-0.58	-0.51	-0.66	-0.69	-0.22	0.21	-0.03	-0.81	-0.72	1.00

https://am.jpmorgan.com/jp/ja/asset-management/per/insights/market-insights/guide-to-the-markets/
JPMモルガンアセットマネジメント「Guide to the Markets」（2023年6月末）より

INDEX

おわりに

7日間でiDeCoとNISAをマスター。いかがでしたでしょうか。お読みになった今がまさに資産形成と資産運用の熱が高まっているときです。是非ご自身なりのルールを構築し、計画的な資産形成と資産運用を実践していただきたいと思います。

資産運用は実践してはじめてわかることが多くあります。買ってみないとわからない、売ってみないとわからない。売買を行うことではじめて投資経験が高まっていきます。まずは、買ってみること。株式にせよ、投資信託にせよ、買うことでさらに必死さは増すことでしょう。

なお、最終的には売ることを意識しなければなりません。そう、出口戦略です。計画を立て、プラン通りに推移するかどうか？時には見直しも必要です。最終的に目標金額に到達しなければ資産運用は失敗に終わることもあります。そうならないようにするためにも、計画的なつみたて投資、大きく下がったときに追加で購入など単価を引き下げるといった決定ができるように経験値を高めていかなければなりません。

投資期間は人それぞれですが、若年層ほど時間を味方につけた運用が可能です。本を読んで理解しても、そこで止まらないように。さぁ、すぐにでも実践していきましょう。

最後に、本書の企画をいただいた、ソーテック社の大前沙織さんに感謝いたします。これからの資産形成＆資産運用において、iDeCoとNISAは必須ともいえる公的制度です。是非多くの皆様にとって本書が役立ちますように。そして、実践し、投資の経験値を高め、ご自身の資産を守る・増やす両面から効率的かつ効果的な資産運用を行えますように。

伊藤亮太

7日《か》でマスター

NISA&iDeCoがおもしろいくらいわかる本《ほん》

2023年12月31日　第1刷発行

著　者　　伊藤亮太
装　丁　　植竹裕
発行人　　柳澤淳一
編集人　　久保田賢二
発行所　　株式会社　ソーテック社
〒102-0072　東京都千代田区飯田橋4-9-5　スギタビル4F
電話（注文専用）03-3262-5320　FAX03-3262-5326
印刷所　　図書印刷株式会社

ISBN978-4-8007-2123-5